すごい傾聴

小倉広

ダイヤモンド社

まえがき　「傾聴できてるつもり……」がいちばん危ない！

近年、「1on1ミーティング」や「対話」が、当たり前のように企業で導入され、コミュニケーションの基礎としての「傾聴」が改めてクローズアップされています。

医療や教育の分野ではなく、ビジネスの最前線で「傾聴」が最初に注目されたのは、日本に「コーチング」が導入され始めた2000年前後のことです。その意味では、現在、ビジネス界に「第2次　傾聴ブーム」が訪れていると言っても過言ではないでしょう。

しかし、**コミュニケーションの基礎と思われているこの「傾聴」は思いのほか難しく、手を焼いている方が多いのではないでしょうか？**

僕自身、年に約300回の企業研修に登壇し、毎年1万名を超えるビジネスパーソンに対して「コミュニケーション研修」を提供していますが、受講生である管理職の方々から「傾聴」に関する次のような悩みを打ち明けられます。

＊＊＊

小倉先生、『傾聴』って意外に難しいですね。

以前、別の先生から教えていただいた通りに、『相づち』『オウム返し』を繰り返してみたんですが……話が全然弾まないんです。

それに、『オウム返し』っていうのが、わざとらしくて苦手なんです。

部下もいつもと違う不自然な私を見て、「寒ッ」と笑いをこらえているみたいで、ちょっとこっぱずかしいんですよね。

そもそも、『傾聴』って何のためにやっているんですかね？

ただ『相づち』を打つだけでは、部下の悩みは何一つ解決しないし、アドバイスもできないし、なんだか時間のムダっていうか……。

そのうち、部下は沈黙し始めるし……。

私もつい焦って、『沈黙』を埋めるように自分の話をしたりして……。

そうするとますます場がしらけてしまって……。

結局、最後にはお説教をして、アドバイスをして終わりになる。

その繰り返しなんです……。

＊＊＊

いかがでしょう？

この悩み、皆さんにも思い当たる部分があるのではないでしょうか？

実際、「傾聴」は決して簡単なものではありません。いや、**「傾聴なんて基本でしょ？」などと甘く考えることこそが危険。そして、「傾聴できているつもり……」でいる人こそがスベりまくっている**ものなのです。

その意味では、「傾聴がうまくいかない」と悩んで、本書を手に取ってくださった皆さんは、一歩も二歩も先を進んでいらっしゃると思います。

そして、企業研修講師であり心理療法家・公認心理師の僕が開発し、すでに数多くの企業で「研修テキスト」として使われている本書のコンテンツを実践していただければ、必ず**「傾聴」が上達して、部下をはじめとする周囲の人々との「人間関係」が驚くほどよくなる**のを実感されるはずです。

本書は二つのマンガからスタートします。

自分では「傾聴できてるつもり……」なんだけど、部下たちには「スベりまくり」と噂されている滑川課長が登場する「マンガ① スベる傾聴」と、部下たちから厚い信頼を勝ち得ている須豪山課長が登場する「マンガ② すごい傾聴」の二つです。

マンガで「スベる傾聴」と「すごい傾聴」を体験していただくことで、「傾聴で大切なことは何か？」を体感していただくのが狙いです。そして、第2章以降では、「考え方」「スキル」「背景となる理論・哲学」などについてご説明していきますが、常にマンガと照らし合わせながら展開していくので、とても理解しやすいはずだと自負しています。

さぁ、では早速ページをめくってみて下さい。

「すごい傾聴」の世界へようこそ

すごい傾聴◉目次

まえがき　「傾聴できてるつもり……」がいちばん危ない！　001

第1章　マンガでわかる「すごい傾聴」の3つの鉄則　019

マンガ❶　滑川《すべりかわ》課長の「スベる傾聴」　024

マンガ❷　須豪山《すごやま》課長の「すごい傾聴」　038

「傾聴」とは、そもそも何か？　060

［傾聴の要件①］自己一致（もしくは「誠実性」）

［傾聴の要件②］無条件の受容（もしくは「認めること」）

［傾聴の要件③］共感的理解

「すごい傾聴」の鉄則❶

〝いい人〟ぶるな、「素のまま」でいろ。　070

「すごい傾聴」の鉄則❷
「言葉」を聴くな、「追体験」せよ。 074
「すごい傾聴」の鉄則❸
「思考」を追うな、「感情」だけを追え。 078

第2章
「スベる傾聴」から脱却する23のポイント

085
Point 01 どのような「人格」で聴くか？ 086
[スベる傾聴] 〝いい人〟ぶる
▶
[すごい傾聴] 「素の自分」でいる
Point 02 話し手と聴き手の「位置関係」 090
[スベる傾聴] 寄り添う
▶
[すごい傾聴] 「追体験」する

Point 03 「伝え返し」の目的 094
［スベる傾聴］ 機械的に「伝え返す」
▼
［すごい傾聴］ 「理解の確認」をする

Point 04 共感する際の「立ち位置」 098
［スベる傾聴］ 「第三者」として聴く
▼
［すごい傾聴］ 相手に「なって」聴く

Point 05 何に「焦点」を当てるか？ 102
［スベる傾聴］ 「できごと」「思考」を追う
▼
［すごい傾聴］ 「気持ち＝感情」を追う

Point 06 どんな「自己開示」をするか？ 106
［スベる傾聴］ 「自分の気持ち」を伝えない
▼
［すごい傾聴］ 本物の「自己開示」をする

Point 07 「感情」への感度を高める方法 110
［スべる傾聴］「相手の感情」に気づかない
▼
［すごい傾聴］まず、「自分の感情」に気づく
Point 08 「感情」の所在地 114
［スべる傾聴］「表面的」な感情を聴く
▼
［すごい傾聴］「暗在」する感情を聴く
Point 09 「ナラティブ（言葉）」と「ソマティック（身体）」 118
［スべる傾聴］「言葉」を鵜呑みにする
▼
［すごい傾聴］「表情」から読み取る
Point 10 「本心」に迫る 122
［スべる傾聴］〝いい話〟を信じる
▼
［すごい傾聴］「ポジ」で上書き前の「ネガ」を聴く

Point 11 「気づき」のきっかけ 126
[スベる傾聴]「曖昧言葉」をスルーする
▼
[すごい傾聴]「どういうこと?」と聴く
Point 12 決めつけない 130
[スベる傾聴] パターンに当てはめる
▼
[すごい傾聴]「一般化」せず、「個別化」する
Point 13 無知の知 134
[スベる傾聴]「わかるわかる!」と言う
▼
[すごい傾聴]「無知」の姿勢で聴く
Point 14 「質問」のタイミング 138
[スベる傾聴] 序盤に「質問」する
▼
[すごい傾聴] 5分間は「質問」しない

Point 15 「レポート」と「エピソード」 142
[スベる傾聴]「要約」を聴く
▼
[すごい傾聴] 3秒から3分の「瞬間」を切り取る

Point 16 「エピソード」を引き出す質問 146
[スベる傾聴]「抽象的」な質問をする
▼
[すごい傾聴]「例えば…」で例示する

Point 17 「エピソード」の構成要素 150
[スベる傾聴]「5W1H」だけ聴く
▼
[すごい傾聴]「セリフ」が重要

Point 18 「じんわり」と感じ入る 154
[スベる傾聴]「同感」しようとする
▼
[すごい傾聴]「あなたはそうなのね」と共感する

Point 19 「人間」に関心をもつ 158
[スベる傾聴] 「話の内容」に関心をもつ
▼
[すごい傾聴] 「相手の人柄」に関心をもつ

Point 20 「助言」はありか、なしか 162
[スベる傾聴] 助言メイン、傾聴サブ
▼
[すごい傾聴] 助言不要、傾聴がすべて

Point 21 根本的な「課題解決」をする 166
[スベる傾聴] 「モグラ叩き」をする
▼
[すごい傾聴] 「信念価値観」に触れる

Point 22 聴き手の「過剰反応」を避ける 170
[スベる傾聴] 勝手に決めつける
▼
[すごい傾聴] 自分の「投影」に気づく

Point 23 相手と正しく向き合う 174
［スベる傾聴］「治療モデル」で聴く
▶
［すごい傾聴］「成長モデル」で聴く

第3章 「すごい傾聴」39のプロスキル

179
STEP 1 「壁」になるで使うプロスキル 191
Skill 01 「座る位置」を確認する 192
Skill 02 「温泉呼吸法」で心を静める 194
「グランディング」と「マインドフルネス」
Skill 03 ゆったりと「心地よさ」を感じる 196
「オリエンテーション」と「リソース」
Skill 04 超具体的な「話題」を振る 198

Skill 05 「言葉」と「仕草」のズレに注目する 200
「トラッキング」と「コンタクト」
Skill 06 「私はこう感じました」と伝える 204
ユースオブセルフ
Skill 07 「感情表現」の見本を見せる 206
「ミラーリング」と「情動調律」
Skill 08 「スタンプ的相づち」を増やす 210
Skill 09 「曖昧言葉」の意味を確認する 212
「意味の明確化」と「体験過程」
Skill 10 「それで?」と話を促す 214
述語的会話
Skill 11 「こういう理解で合ってる?」と聴く 216
理解の確認
Skill 12 「レポート」を「エピソード」に転換する 218
Skill 13 「感情」の尻尾を捕まえる 222

Skill 14 お団子こねこね 224
Skill 15 〝The Most〟を聴く 226

STEP2「エピソード」を聴くで使うプロスキル 229

Skill 16 「いつ、どこで、誰が、何を言った？」 230
Skill 17 「フランクなため口」で話す 232
Skill 18 「言葉」を削って短く話す 234
Skill 19 相手の「感情」を引き出す方法
「リマインド」のための質問 236
Skill 20 「現在形」ではなく、「過去形」で聴く 240
Skill 21 「自己内対話」を聴く 242
Skill 22 「レポート」を「エピソード」に戻す 246
Skill 23 「エピソードの確認」はハイテンポで行う 248
Skill 24 「一般化」ではなく、「個別化」をする 250

STEP3「感情」に共感する で使うプロスキル 253
Skill 25 「感情のボキャブラリー」を増やす 254
Skill 26 「暗黙の感情」を言語化する
——感情の明確化 258
Skill 27 「今ここ」中心の自己開示をする 262
Skill 28 相手の「言語化」をサポートする
「フェルトセンス」と「脳幹言葉」 264
Skill 29 「感情」の裏にある「感情」を探す 268
Skill 30 「感情」は一つずつ分離して味わう 270
Skill 31 共感しにくい「攻撃性」などへの対処法
「コーピング」と理解する 272
STEP4「信念価値観」に共感する で使うプロスキル 275
Skill 32 「信念価値観のリスト」を頭に入れる 276

Skill 33 「エピソード×信念価値観＝感情」 280
Skill 34 信念価値観に「主語」をつける 284
Skill 35 「もしかしたら、こう？」と謙虚に聴く 286
Skill 36 「信念価値観」を転がす 290
Skill 37 信念価値観に紐づけて「感謝」する 292
Skill 38 「話してみてどうですか？」と聴く 294
Skill 39 最後にそっとつぶやく 296

第4章 「すごい傾聴」は〝どこ〟から来たのか？ 299
「人間性心理学」が源流である 300
「フォーカシング」の考え方 303
「体験過程」の考え方 306

「ゲシュタルト療法」の理論とアプローチ　307
「未完了を完了」させ「図と地」の反転を促す　310
「論理情動行動療法」の理論　312
「信念価値観」を肯定する　315
アドラー心理学の「早期回想分析」　317

あとがき　「傾聴」で100点を目指さない　321

［装　丁］奥定泰之
［漫画・イラスト］中村知史
［ＤＴＰ］ＮＯＡＨ（本間 緑）
［校　正］小倉優子
［編　集］田中　泰

第1章

マンガでわかる「すごい傾聴」の3つの鉄則

なぜ、相手の話に一所懸命に耳を傾けているのに、心を開いてくれないのか？　そのメカニズムを明らかにするために、「スベる傾聴」と「すごい傾聴」をまんがで再現。その上で「すごい傾聴」に不可欠な三つの鉄則（Rule）を示します。

なぜ、傾聴がうまくいかないのか？

2000年前後に米国から輸入され、日本のビジネスシーンを席巻したのが「コーチング」です。

従来型のマネジメント技法である「ティーチング」に対するアンチテーゼとして登場し、「答えを言わずに質問をすることで相手に考えさせ、自律的な成長を促す」手法として、一大ブームとなったことは記憶に新しいのではないでしょうか。

その「コーチング」を構成する三大スキルが、「傾聴・承認・質問」です。

その影響でしょうか。「『傾聴』は『コーチング』におけるスキルの一パーツであり基礎である」という概念が定着し、そこから派生して「傾聴＝簡単」という誤解が蔓延《まんえん》しているように思えてなりません。

しかし、傾聴は基礎ではありません。

傾聴は、「コーチングの源流であるカウンセリング」において、基礎であり同時に最終

到達点、つまりすべてなのです。ですから、傾聴をスキル面だけで捉え、相づち、オウム返し、伝え返しを忠実に実行しても、うまくいくわけはないのです。

そして、日本に広まったカウンセリングにおける傾聴もまた、開祖であるカール・ロジャーズによる有名な中核三条件が、彼の意図と異なるニュアンスで翻訳され、その結果その意図までも間違って広まってしまいました（本章の最後にある「3つの鉄則（Rule）」にて後述）。

ですから、本書を手に取った皆さんが、「教科書通りに実践してもうまくいかない……」と悩んでしまうのも仕方がないことなのです。

いえ、もしもあなたが悩んでいるのならば、それは大きな救いとなるでしょう。なぜならば、「自分は傾聴をできている！」というつもりの人こそがいちばん危険だからです。

そこで、第1章では皆さんの職場でも「あるある！」なストーリーをマンガで体験いただき、「スベる傾聴」と「すごい傾聴」の違いを感じていただきたいと思います。その上で第2章以降では「どうすれば、傾聴できるのか？」を少しずつ習得していただきたいと思います。

それでは早速、マンガを始めましょう。
舞台は、「傾聴ソリューションズ」という会社の社員食堂。登場人物は次の４人です。

滑川《すべりかわ》課長（41）

システム開発企業・傾聴ソリューションズの開発１課を統括するマネジャー。自分ではコミュニケーションは得意なつもりで、傾聴には自信を持っているが、自己満足の自己流でクセが強く、部下の間では〝スベる〟上司と陰で噂されている。

須豪山《すごやま》課長（39）

システム開発企業・傾聴ソリューションズの開発２課を統括するマネジャー。かつて、過労から燃え尽き症候群となり、うつ病を発症し、休職した経験あり。それ以来、心理カウンセリングを深く学び業務に活用している。部下からの信頼が厚い。

熱中《あつなか》主任（35）

須豪山課長が統括する開発2課の中堅社員。仕事へのこだわりと成長意欲が強く、いくつかのプロジェクトでリーダーを務める次期管理職候補の一人。これまでは開発に専念していたが、後輩育成の仕事も求められ、新たな悩みを抱えている。

軽井鴨《かるいかも》さん（27）

開発2課の若手エンジニア。スマホネイティブなZ世代らしくタイパ（タイムパフォーマンス）重視で、ムダな努力を嫌う効率派。また、人間関係もほどほどの距離感を大切にしている。熱中主任の熱意に興醒めしている。

まずは、自分では「傾聴が得意だ」と思い込んでいる、〝痛い〟滑川課長と部下の熱中主任による「マンガ① スベる傾聴」をご覧ください。もしかしたらあなたにも、思い当たる節があったりするかも……

マンガ❶
スべる傾聴
キョロ
キョロ
モグ
モグ

熱中さん、ここ、空いてる?
あ、滑川課長、どうぞ、どうぞ
おいしそうですね。私もミックスフライにすればよかったかな

おいしいですよ。人気なのですぐに売り切れちゃうんです
へぇ。今度食べてみよっと
どう？最近2課さん調子いいみたいだけど
はい。めちゃくちゃ忙しいです。1課も忙しそうですね
あ！熱中さん、ども！
モグ

あ！
滑川課長も。
こんにちは～
…
モグ
モグ
ワイ
ワイ
ハア

おや、ため息。
軽井鴨さんと何かありましたか?
スー
フー
グサ
モグ
モグ
バク
人を育てるのって難しいですね……
モグモグ
人を育てるのは難しい、と感じているんですね。
軽井鴨さんのこと?

かな？
クルクル
軽井鴨くん、やる気が感じられないっていうか、打っても響かない感じで……
Z世代って言うんですか。ギャップを感じますよ
おやおや。そんなことを言ったら私はどうすればいいんですか。熱中さんは近い世代の方ですよ
ハアーーー
・・・・
そうですね。ギャップを言い訳にしてはいけませんよね

先ほど熱中さんは、軽井鴨さんのやる気がない、と言いましたよね
彼はなぜやる気がないのでしょうか？
モグモグ
うーん。Z世代だからじゃないですか？若い子はみんなそうです
モグモグ
それを言っちゃあ、おしまいです。Z世代をうまく使いこなしている会社はある
我々にもできることはあるはずです
モグ…

ズズ〜〜〜ッ
ムッ
うーん。さっき、やる気がない、と言いましたが、やるべきことはちゃんとやっているんです。結構、物覚えも早いし
はあ!?
なんだ。じゃあ、やる気がないわけじゃないのか?
う〜〜〜ん
ボリボリ

うーん。うまく言えないんですけど……
必要最低限はできているんですが、プラスアルファがない、というか。口先だけって言うか……
うーん、どういったらいいんでしょうか……
最低限はできているけどプラスアルファがない。口先だけなんですね
モグモグ
うーんネガティブなんですかね
・・・
・・・・
ズズ…
いや、ネガティブではないんですけれど、ポジティブさが足りないというか

ズズズッ
ズズ…
軽井鴨さんは、ネガティブというほどではないけれどポジティブさが足りない、と
Z世代らしい、ということでしょうか
う～ん……いや、そうじゃ……
トントン
いえ、はい、おっしゃる通りですね
トントン
熱中さんの苦労はよーくわかりますよ。私もリーダーになりたての頃は大変でした。でも過ぎてしまえばいい経験だったと思えるようになりますよ

はい。わかりました。私もあきらめず根気強く指導していきます
ハァ
わかってくれましたか。それならばよかった
ハッ
カァ
……
軽井鴨さんのようなポジティブさが足りないメンバーへは、まずは熱中さんがポジティブの見本を示し続けることが大切ですね。そして、ことあるごとに軽井鴨さんに「ポジティブにチャレンジしよう！」と励まし続けることも大事です
えっ

・・・・・
一度や二度伝えただけではわからないんです。それこそ、何十回も言い続けて初めて伝わるんです。リーダーは情熱が必要なんですよ
はい。わかりました
ダメだこりゃ
キンコ〜〜〜ン
カンコ〜〜〜ン
あ、会議が始まっちゃう。
熱中さん、じっくり話を聴けてよかったです。また、話しましょうね

じゃあね
はい。
聴いていただき、
ありがとう
ございました。
では、行って
らっしゃい
ホッ
ハア〜〜…
ダメだ
こりゃ……
ドカッ
あっ
食器…

いかがでしたでしょうか？　滑川課長……自分自身では「傾聴できてるつもり」のようですが、熱中主任の様子を見る限り、まったくできていないようです。

これぞまさに「職場あるある！」の典型で、「上司・部下」関係にあることから、熱中主任は、上司たる滑川課長に対する「不満」や「怒り」などをストレートに伝えません。**部下が上司へ忖度《そんたく》することで、かろうじて「傾聴」が成り立っている体《てい》に見えているだけ。**でも、だからこそ、滑川課長は「自分がスベっている」ことに気づけない……という悪循環に陥ってしまっているのです。

ただ、滑川課長にも「部下をよい方向へ導きたい」という思いはあるようですから、本書で学び直していただければ、きっと「傾聴」ができるよい上司になれるのではないか、と僕は思っています。

さて、では、同じシチュエーションで「すごい傾聴」のストーリーを見てみましょう。

ここで登場するのは、熱中主任の直属の上司である須豪山課長です。この須豪山課長、かつて過労からうつ病を発症した体験があり、それ以来、心理カウンセリングを深く学んでいるとのこと。どのように熱中主任の悩みに向き合うのか？　早速、みてみましょう。

マンガ❷
すごい傾聴
モグ モグ
キョロ キョロ

熱中さん、ここ、空いてる？
あ、須豪山さん、どうぞ、どうぞ
おいしそうですね
私もミックスフライにすればよかったかな
モグモグ

おいしいですよ。そういえば先週、1課の滑川課長からもミックスフライうまそうだな、って言われましたよ
あ、テーブルも同じだ
ほぉ
もっとも滑川課長はナポリタンでしたけどね
バクッ
あ、それもよかったかも……

ズ〜〜
ズズッ
滑川課長と二人っきりって珍しいですね。どんな話をしていたんですか？
うちのチームの軽井鴨くんについてですよ
がぶっ
ほぉ。軽井鴨くん
ええ。彼がなんていうか、やる気が感じられないっていうか、打っても響かない感じで……

響かない感じ……
…
なんですね……
ズズ〜〜〜ッ
そうなんですよ。やっぱ、Z世代はよくわからないっすわ
Z世代ねぇ。熱中さんが言うZ世代ってどういう意味です？
モグモグ

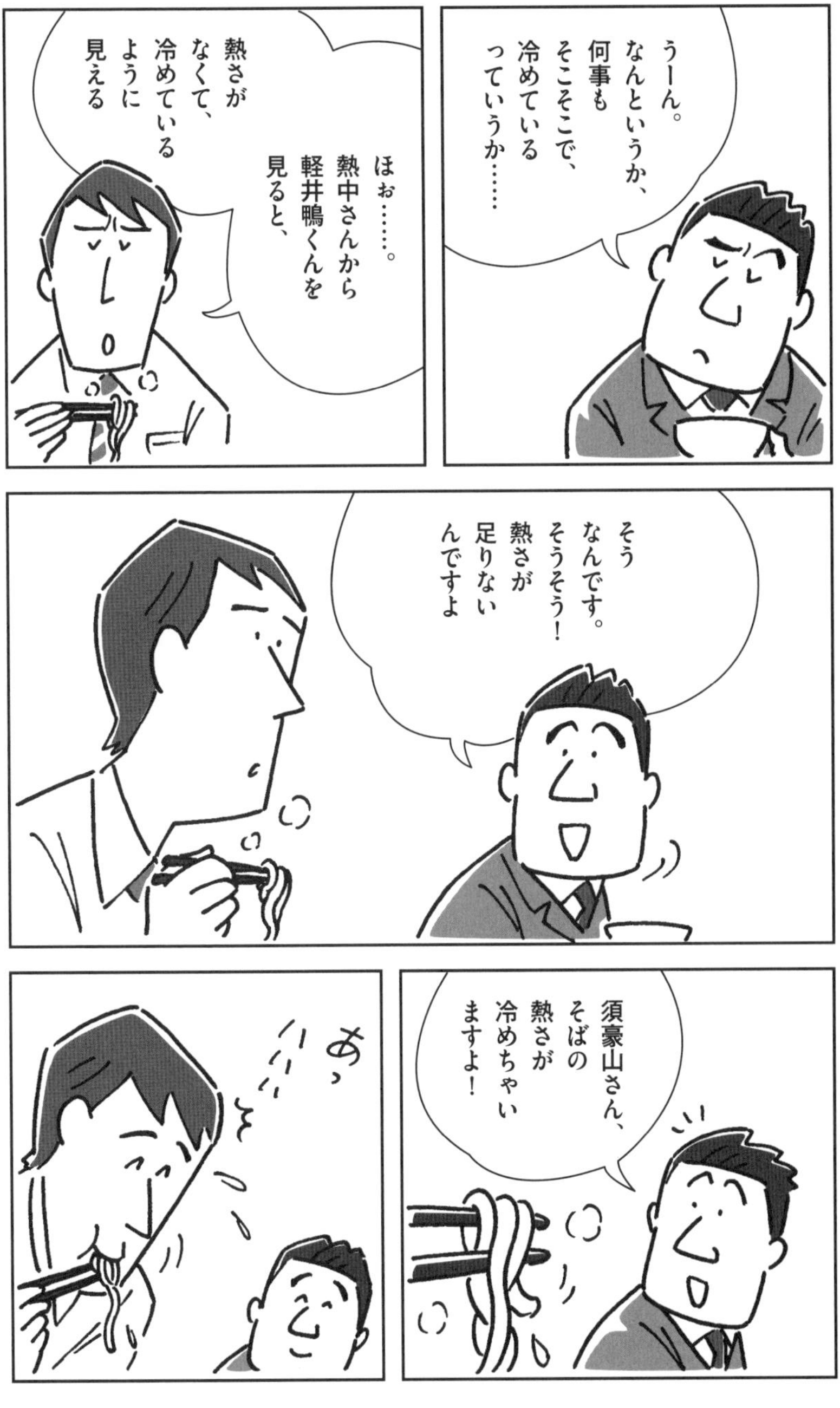
うーん。なんというか、何事もそこそこで、冷めているっていうか……
ほぉ……。熱中さんから軽井鴨くんを見ると、
熱さがなくて、冷めているように見える
そうなんです。そうそう！熱さが足りないんですよ
須豪山さん、そばの熱さが冷めちゃいますよ！
あっ

キラッ
ってことは、熱中さんは軽井鴨くんを見ていると、もっと熱く仕事をしてほしい！ という思いが伝わらなくて、もどかしいような、じれったいような……、そんな気持ちになるんでしょうか……
そうそう！ もどかしい！ じれったい！ その通りです！
キラッ
では熱中さんが「もどかしい！」「じれったい！」「なんで伝わらないんだ！」ともっとも強く思ったできごとや場面があれば教えてもらえますか？

う〜〜ん
……
……
そうだッ
!
うんうん
サクッ
あります。先週、プロジェクトミーティングの後で軽井鴨くんが僕に
プロジェクト・マネジャーって大変そうだけど、やりがいもありそうですね
って言ってくれたんです。彼、いつも冷めているから、なんだか嬉しくて
へぇ。それは嬉しいですねぇ
そうなんです！ところが、それだけなんですよ。
じゃあ自分も目指そうかな、とか一切なくて、それで終わり。「え!? それだけ？」って感じで
うんうん

へぇ。それって、先週の初め頃？それとも週末？
つい最近ですから。えっと……金曜日です
午前中？午後？夕方？
会議が朝からだったんで、あ、思い出した！昼休みが始まってすぐでした。早く行かないとミックスフライが売りきれる！と思っていたら話しかけられたから
うんそうそう
ズズ
ミックスフライ！人気なんですね！
・・・
ズズ…
キラッ
で、軽井鴨さんは、具体的に何という言葉で話しかけてきたんですか？

えっと……
熱中さん、プロジェクトまとめるの、大変そうですね
だったかな
ほぉ。それに対して何と答えたんですか？
確か
めっちゃ大変だよぉ。みんな好き勝手を言いっぱなしで、誰もまとめようとしないからね
って言ったかな
へぇ。それで軽井鴨さんは？
そこで意外なことを言ったんです。
PMの仕事って、大変そうだけど、やりがいもありそうですね
って。ちょっと彼らしくないセリフなんでビックリしちゃって

それはビックリですね。で、何と返事をしたんですか？
何だったかな……あ！そうだ
そうだよ！軽井鴨くんもチャレンジしたらいいよ！
って、結構本気で言ったんです
そしたら？
それが肩透かしで終わって、
なんかうやむやになって、それっきりっていうか
キラッ
何も返事はなかった、ということですか？それとも何か言った？

どうだったっけな？
あ、そうそう。
なんか言ってました
まだ無理です
って言われたんで
今すぐじゃなくても
目指せばいい
じゃない！
いい本があるから
今度貸そうか？
って言ったん
ですけどねぇ
へぇ。
親切ですねぇ。
で、返事は
どうでした？
いや、まだ
そこまでは
……
だったかな。
なんか急に消極的に
なっちゃって
キラッ
「まだ、そこまでは」、
これが最後の
言葉ですか？
ここで話が
終わった？

えっと……。あ、僕こう言いました。「社内試験、今年は無理でも来年受けてみる、という手もあるよ。20代で受かっている人もいるよって」と
具体的に提案されたんですね。
で、軽井鴨さんは？
「いやいや、まだ全然無理です」って言われました
それに対して？
それなら、って社外の資格を教えてあげたんです。プロジェクトマネージャ試験、とか、応用情報技術者試験とか
そしたら？
それが「いやぁ……」って言って。これ以上言ったらおせっかいかなと思って、それで話は終わりにしました。僕もミックスフライが気になっていたし
やぁ、詳しく教えてくれてありがとう。まるで私もその場にいるかのようにありありと映像が浮かびましたよ
ズズ
キラッ
その時、熱中さんは「もどかしい！じれったい！」と思っていたのでしょうか？

そうなんです！じれったくてもどかしかったです。
その通り！
そうなんですね。そして、もしかしたら……「なぜ？もっと積極的にならないのかな？』と、不思議なような、理解できないような感覚もありましたか？
あぁ。ありました、ありました。
不思議でした。僕だったらすぐに本のタイトルを聞いて買って読むのに
キラッ
なるほど。不思議な感じもあったんですね。ところがいくつか提案しても反応が薄くて……。やっぱり、がっかり、落胆したんじゃないでしょうか
そ、それ、それっす！
がっかりしましたよ。
あぁ、僕がっかりしてたのかぁ

がっかり、ということは、期待があった。積極的に食らいついてくれるという期待もありましたか？

あぁ。そうだったのかぁ……僕、すごく彼に期待していたんだと思います。彼、表面的にはあっさりしているんですけど、意外に仕事はていねいだし、センスがいいんです。あぁ。そうかぁ。期待していたんだ……

もっと成長してほしい。それを彼も望んでいるはずだ、と思ったら肩透かしを食らったような……。自分の気持ちをわかってもらえなかったことが、少し悲しくもある……

はい。

あぁ。そうか。

悲しかったのかぁ……

ポロリ
私はそんな後輩思いの熱中さんが誇らしいですよ。

さすがはリーダーですね

そんな！
それほどでも……
もしかしたら、なんですけれど……熱中さんは「常に成長を目指して研鑽を積むべき」という信念価値観をお持ちでしょうか？
にっこり
はい。もちろん。エンジニアたるもの、当たり前のことだと思っています
キラッ
頼もしい
もう一つ。もしかしたら、熱中さんは「目標を持って、達成のためのアクションプランを描くことが大切」という信念価値観をお持ちでしょうか？
違ったら言って下さいね

んー…
はははは
はははは
は…
ハッ
須豪山課長。わかりました！そうだったんですね
ハハ…
ハハハ…
?
ん？何か、おかしいことでもありましたか？
僕、常に成長を目指して、目標を立てて、アクションプランを立てて……それって当たり前のことだと思っていました。

でも、全員がそうじゃない。人によるんですよね
あぁ。僕、自分の考えを軽井鴨くんに押しつけていたのかな……
へぇ。そんなことに気づいたんですか
確かに。私も最近はアクションプランとか立てないようになったなぁ
え⁉ めっちゃ意外です。須豪山課長はバリバリと上を目指しているのかと思っていました
いやぁ、そうでもないんですよね

確かに30代前半までではそんな風に、仕事もプライベートもがむしゃらにがんばっていたかもしれません。それをやり過ぎて、倒れちゃったんですよね。
燃え尽き症候群
……
今はね。自分のキャリアとかプライベートではなるべく目標を立てずに、心の声をよく聴くんです。そして心から楽しいと思うことだけをやるようにしているんです。もちろん、会社のタスクは目標設定してアクションプランを立てますけどね
そうだったんですね……。そういえば僕、プライベートでも目標を立てて、それを分解してスケジュールに書いて。資格勉強とかダイエットとかジョギングとか……
でも、時々それがすごく息苦しくなって、全部放り投げたくなるときがあるんです。それは、普通のことだったんですね。そうじゃないやり方もあるんだ

適するやり方は人それぞれなんですよね。
目標を立てることでモチベーションが上がる人もいれば、逆に苦しくなる人も
どっちが正しいか、じゃない。人それぞれでいいかな、と最近思えるようになったんです
ですよね。
軽井鴨くんがダメなわけじゃなくて。もしかしたら、彼もある日突然、「あ、勉強しよ！」と思うかもしれない
そう、そう。人にはタイミングがあるんですよね
友人のお坊さんから、こんな話を聴いたことがあります。ある男がさなぎが蝶々になるのが待ちきれなくて殻をはさみで切って出やすくしてあげた。そしたら幼虫は死んでしまった。当たり前ですよね。さなぎによって羽化するタイミングは違うのだから

ジ〜〜ン
・・・・
ハッ
須豪山課長！
僕、もう行かなくちゃ。
本当はもっとお話ししたいんですけど。
すみません
こちらこそ、気がつかずゆっくりしてしまいました。
どうぞ先に行って下さい
いつも向上心にあふれ、後輩思いの信念を持つ熱中さんがリーダーで居てくれて本当によかったなぁ、と思いました。
また、話ししましょうね
はい！ぜひ次の1on1で。
いやぁなんか、スッキリしたなぁ

いかがだったでしょうか？

「スベる傾聴」の滑川課長とは違って、須豪山課長は熱中主任と深いコミュニケーションをとることで、とても自然に熱中主任に深い気づきを促していた様子をご覧いただけたかと思います。そして、**昼食を食べるわずかな時間（30分程度でしょうか？）のコミュニケーションで、明らかに二人の関係性は従来よりも深く、よりよくなった様子も見て取れます。**これこそが本来の傾聴の姿なのです。

この二つのマンガを対比しながら読んでいただいたことで、皆さんには「スベる傾聴」と「すごい傾聴」の違いをざっくりと把握いただけたのではないかと思います。

さて、ここからは「『スベる傾聴』と『すごい傾聴』のどこが違うのか？」「その違いはなぜ生まれるのか？」「どうすれば『すごい傾聴』ができるのか？」を深く掘り下げて考えてみたいと思います。

その詳しい解説は第2章に譲ることにして、ここではまずは「傾聴」とは何であるかを産みの親であるカール・ロジャーズの言葉を引用しながら解説し、その上で「すごい傾聴」の基本的なスタンスを「3つの鉄則（Ｒｕｌｅ）」で示しておきたいと思います。

「傾聴」とは、そもそも何か？

「傾聴 LISTENING」の産みの親である、高名な心理学者カール・ロジャーズは、論文の中で、カウンセラーに必要にして十分な中核条件として、傾聴の基礎となる三条件を掲げています（C・R・ロジャーズ、「セラピーによるパーソナリティ変化の必要にして十分な条件」、1957）。

それが有名な**「自己一致」「無条件の受容」「共感的理解」**です。そして、この三条件を満たしながら面接を進めることを一般的に傾聴と呼ぶようになっていきました。

本来はそれを語るだけで書籍一冊では足りないほどの深い内容ですが、たいへん恐縮ながらそれぞれを簡単に短い言葉で説明しておきましょう。

「自己一致」（もしくは誠実性）congruence or genuineness とは、カウンセラー自身が自分に誠実で、どのような自分であったとしても、自分自身を常に受け容れていることです。ロジャーズは自己一致を数学のベン図をもとに発想しました。体験の円と自己概念

自己一致のベン図

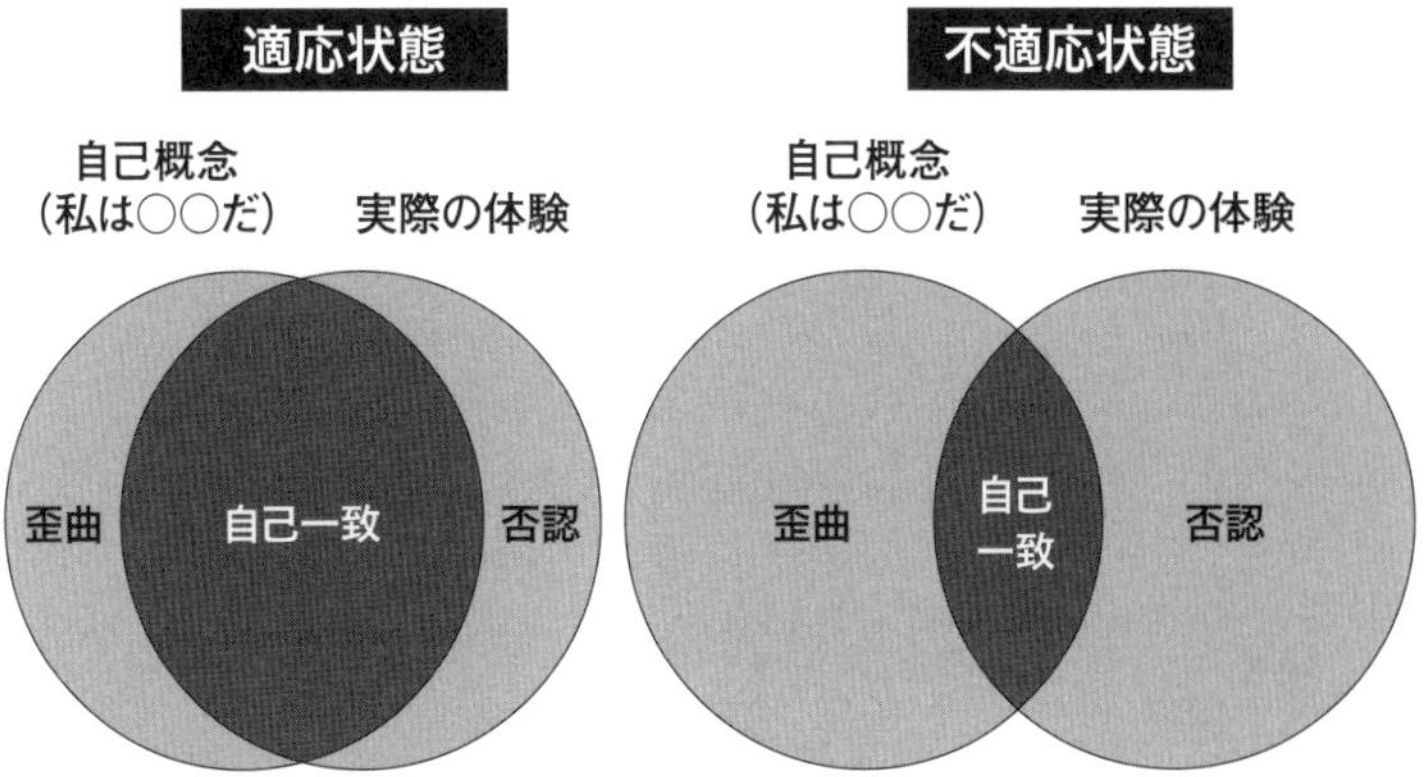

出所:『臨床心理学』（丹野義彦、石垣琢磨、毛利伊吹、佐々木淳、杉山明子・著、有斐閣）P199を一部改変

の円の重なりの大きさを自己一致の度合いと捉えたのです。

僕たちは、日々毎秒様々な体験をしています。

例えば、上司が部下の行動を見て「苛立ち」を体験しているとします。

しかし、上司は「自分は優しく寛容だから苛立ちなど感じない」という自己概念を持っていたとすると、ベン図の重なり、つまり自己一致の度合いは、低いと言わざるを得ません。しかし、この上司の自己概念が柔軟に更新され続けているとしたら、自己一致の度合いは上がるでしょう。

上司が自分の中にある「苛立ち」にき

ちんとコンタクトし、それを認めることで「自分は優しく寛容でいたいと常々思っているけれど、時には苛立ちを感じてしまうことがある。そして今苛立ちを感じている」と自己概念が柔軟に更新され続けます。人間性心理学においては、それこそが成長であり自己実現であると考えるのです。

人間性心理学における「本来の成長」とは、新たな知識や技術を身につけることではありません。

「本当の自分」に気づき、勇気を持って自分自身でい続けることで、ごく自然に起きる実現傾向が発揮される（赤ん坊が発達とともに、命令されずとも自然にハイハイをし立ち上がろうとするような能力発揮がされる）ことです。

人間性心理学における本来の自己実現とは、裕福になることや社会的地位が上がることではありません。

自分で気づいていない否定的な自己概念により、無意識のうちに本来の自分を隠してしまっている「役割演技」の〝いい人仮面〟を外して、本来の自分らしさを発揮することです。先ほどの例でいえば、上司が「時に苛立ちを感じる自分」を否認して、「自分は優しく寛容」という〝いい人仮面〟をつけている限り、上司自身の成長はないということです。部下が本来の成長をし、本来の自己実現をすることを支援するためには、上司自身が本来の成長をし、本来の自己実現をし続けていなくてはなりません。つまり、上司自身が自己一致していなくてはならないのです。

「無条件の受容」(もしくは認めること)unconditional positive regard or acceptanceとは、話し手がいかなることを語ったとしても、肯定的に認めることです。その際に一切の条件はありません。よいと思えること（できごと・思考・感情・信念価値観）だけを認め、よくないと思えることは認めないというような条件をつけないことです。

カール・ロジャーズ（1902―1987）
アメリカ合衆国の臨床心理学者。人間性心理学の代表格であり、1982年に行われたアメリカ心理学会に所属する800名へのアンケート調査「最も影響力のある心理療法家」で第一位に選ばれた。「来談者中心療法」「人間性中心アプローチ」と呼ばれる療法を築き、「傾聴」および「現代カウンセリング」の産みの親であり元祖であると評されている。

例えば、マンガの中で登場する熱中主任が、Z世代の軽井鴨さんに対して「Z世代はよくわからない。世代間ギャップを感じます」とあきらめたかのような言葉を発しました。それに対して滑川課長は無条件の受容をせず、「そんなことを言ったら、私たちの世代はどうしたらいいんですか？　熱中さんはまだ距離が近いほうですよ」と条件をつけ、否定しました。

一方で須豪山課長は一切否定せず、熱中主任の「Z世代はよくわからない」という発言を受容した上で、自分も熱中主任が感じたことを追体験するために、「熱中さんが言うZ世代ってどういう意味です？」と質問しました。

それに対して熱中主任が返した「なんというか、何事もそこそこで、冷めているっていうか……」という言葉を、須豪山課長の体の中で響かせるように反復した上で話を前に進めていきました。

このように、**相手が語ること（できごと・思考・感情・信念価値観）がたとえネガティブなものであっても、それを中立的に受け止め、理解しようと試みる姿勢・態度こそが、「無条件の受容」なのです。**

この「無条件の受容」をされずに、条件的に拒否されたり否定をされると、話し手は「自分に起きていること（できごと・思考・感情・信念価値観）があってはいけないもの」であると感じ自己否定を始めます。

そして、聴き手に受容されるために、自分の本来の気持ちに蓋《ふた》をして、聴き手が受容してくれるような仮面を無意識につけて「役割演技」を始めてしまいます。それは、先にあげた「自己一致」とは反対の状態です。

滑川課長は、熱中主任に条件をつけ、受容せず否定することで、彼に自己否定をさせ、仮面をつけた役割演技をさせてしまい、彼の「自己一致」を壊してしまいました。

一方で須豪山課長は、「無条件の受容」を行うことで、熱中主任に自己一致し、本来の成長と本来の自己実現を始めるきっかけを作りました。それこそが「無条件の受容」であり、相手を認めることなのです。

なお、**「受容」と混同しやすいものに「同意・同感」「賛成」「ほめる」などがありますが、これらは「受容」とは異なります。**ただ中立的に「そのように感じられているんですね」と受け止めること。それが「受容」なのです。

「共感的理解」empathic understandingとは、「相手の目で見て、相手の耳で聴いて、相手の心で感じる」ことです。ロジャーズはそれを「相手の靴を履く」と表現しました。

この「共感的理解」をする際に、注意すべきポイントがいくつかあります。ここでは、そのいくつかをご紹介したいと思います（詳しくは第2章参照）。

①「対等」に向き合う

傾聴を最初に学ぶ時に、多くの人は「寄り添え」と習います。しかし、**寄り添う時、聴き手は「よい上司の仮面」をかぶり、「カウンセラー」という役割演技で接してしまいがちです。**しかし、それは〝治療者〟としての「カウンセラー」を演じるということであり、いわば「先生－患者」の関係性を持ち込もうとするのと同じことです。

そのような関係性を押し付けられる相手にとって、それを快く受け入れる相手は、おそらくどこにもいません。だから、「寄り添う」のではなく、同じ人間同士「対等」に向き合い、相手が体験したことを「追体験」する意識をもつことが大切なのです。

②「追体験」をする

「相手の靴を履く」「相手の目で見て、相手の耳で聴いて、相手の心で感じる」。そのためには、**「相手の立場に立つ」とイメージするよりも、「相手に『なって』みる体験」をしてみる**ことが有効です。**「思考」で想像するのではなく、「体」で感じる方がうまくいく**ことが多いです。

須豪山課長も、熱中主任に「なって」みる体験をしています。熱中主任が、軽井鴨さんについて「なんというか、何事もそこそこで、冷めているっていうか……」とコメントしたのを受けて、須豪山課長はその言葉を体の中で響かせながら、「ということは、熱中さんは軽井鴨くんを見ていると、もっと熱く仕事をしてほしい！という思いが伝わらなくて、もどかしいような……、じれったいような……そんな気持ちになるんでしょうか」と、熱中主任の一見ネガティブな感情を「体」で感じようとしています。

③ 決めつけない

相手の話を聴きながら、「若手によくある悩みだな」などと「パターン分類に当てはめること＝一般化」するのは「決めつけ」にほかなりません。同様に、「自分も若い頃に同じ体験をしたよ」とするのも同じく「一般化」にあたり、「共感的理解」でしてはいけない思考です。話し手のあらゆる体験は独自のものであり、敬意を持って接すべきものなのです。それが「個別化する」ということです。

④「じんわり」と感じ入る

「共感」と似て非なる概念として「同感」があります。

「同感」とは、「私も同じです」と意見や感覚を同じにすることで、これは「共感的理解」ではありません。そうではなく、**「あなたはそうなのね」と感じることを「共感的理解」といいます。**ロジャーズは「クライエントの個人的な世界を、あたかも自分の世界であるかのように感じながらも、『あたかも』という性質を絶対に失わないこと」と述べています。

いかがでしょうか？

「傾聴」の本来の意味は、このようにたいへん奥深いものです。

では、どうすれば滑川課長のように「スベる傾聴」をせずにすむようになるのでしょうか？

そして、どうすれば須豪山課長のように「すごい傾聴」ができるようになるのでしょうか？

か？

まずは、絶対に押さえておいていただきたい「3つの鉄則（Rule）」を次ページから示します。これが、傾聴をする大前提となりますので、しっかりとご認識いただければと思います。（ロジャーズの中核三条件については、主に『臨床心理学』（丹野義彦・石垣琢磨・毛利伊吹・佐々木淳・杉山明子著、有斐閣、2018）のP192−207を参照しました）。

Rule 1

〝いい人〟ぶるな、「素のまま」でいろ。

〝いい人〟を演じていると、相手も〝いい人〟を演じて本音が話せません。

傾聴の目的は何だと思いますか？
一般的には次の三つが傾聴の目的、効果、意味である、と考えられているようです。

1　話し手と聞き手の信頼関係（ラ・ポール）を築くこと
2　話し手の頭の中が整理され意見が明確になること
3　話し手が問題を自己解決できる能力を身につけること

しかし、本当の目的はそこではありません。それらはあくまでも副次的な効果です。
では、本来の傾聴の目的は何なのでしょうか？　この答えもまた、傾聴の開祖である心理学者カール・ロジャーズの著作の中に見つけることができます。全文を引用すると長くなりますので、途中をカットしながら意味が変わらないように部分引用することにします。

「クライアントはカウンセラーが自分の感情に受容的に傾聴していることに気づくにつれて、少しずつ自分自身に耳を傾けるようになっていく（……）自分が怒っていることに気づいたり、どのような時に自分が脅威を感じるのかを認めたり、どのような時に自分が勇気を感じるのかを理解したり（……）彼はいつも否認し抑圧してきた感情に耳を傾けることができるようになる。

とても恐ろしく、無秩序で、正常ではなく、恥ずかしいと思ってきたので、それまでは自分の中に存在するとは認められなかったような感情に対して、耳を傾けることができるようになるのである。

（……）彼は、自分が身に付けてきた仮面を脱ぎ捨て、防衛的な行動をやめ、そして本当のあるがままの姿に開かれるのを見いだす（……）彼はついに、人間生命体にとって自然な方向へと自由に変化し成長することができるようになっている自分を見いだすのである」

（C・R・ロジャーズ、『ロジャーズが語る自己実現の道 On Becoming a Person』、諸富祥彦・末武康弘・保坂亨共訳、岩崎学術出版、2022、P62-63）

傾聴の目的、効果、意味とは、**聴き手が傾聴している態度が自然に話し手にコピーされ、話し手が自分自身を傾聴できるようになる。**すると、**話し手が自己否定とそれに伴う防衛的な行動をやめて、自分自身のままでいいのだと気づき、本来持っている能力、活力、魅力を出し惜しみせず発揮していけるようになる。**言葉を変えるとすれば、「素のままの自分でいる」ことができるようになる。これが本来の傾聴の目的なのです。

マンガにおいても、熱中主任は、須豪山課長との対話を通じて、軽井鴨さんに対して抱いていた自分の感情に素直に向き合うことができるようになりました。その結果、実は自分は「悲しい」という感情を抱いていたことに気づくわけですが、これは須豪山課長が熱中主任の話を「傾聴」しているのを熱中主任がコピーしたからだと言えるのです。

であるならば、話し手にその態度をコピーされる聴き手自身も「素のままの自分でいる」ことこそがいちばん大切ということになります。

有名なカウンセリング記録フィルム「グロリアと三人のセラピスト」の中で、ロジャーズは女性クライエントに対して「あなたは良い娘のように思える」と伝えています。そこには素のままのロジャーズがいます。〝いい人〟のフリをしたり、〝カウンセラー〟っぽい**役割演技をするのが最もしてはいけないこと。**それが「スベる傾聴」の原因になっているのです。

まとめ 話し手が自己否定をやめて、ありのままでいいのだと気づき、自分らしくいる結果、自然に成長していくこと。それが、「傾聴」の目的です。

Rule 2

「言葉」を聴くな、「追体験」せよ。

「言葉」を聴くのではなく、
話し手の体験・感情を「追体験」して味わう。

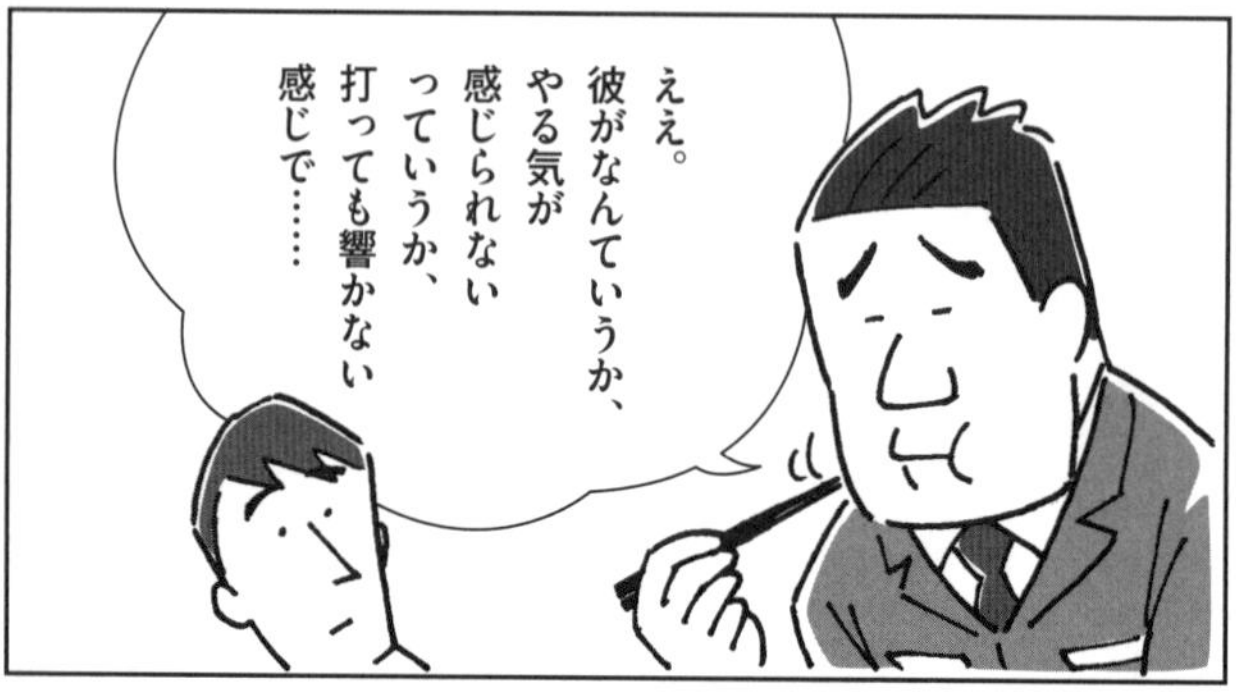

「すごい傾聴」の真骨頂は、**「『言葉』を聴くな、『追体験』せよ」**の一言につきます。

英語で言うならば、**"Don't Listen. Experience !"**。まさに、ブルース・リーの名言"Don't Think. Feeeeel !"にも似た、目から鱗の真言ではないでしょうか。

しかし、このロジャーズの教えが伝わる過程で大きな誤解が生まれました。それが、傾聴とは無条件に受容「する」ことであり、共感的に理解「する」ことである、つまり「動詞＝Doing」であるという誤解です（中田行重、『臨床現場におけるパーソン・センタード・セラピーの実務――把握感 sense of grip と中核条件』、創元社、2022、P16－22）（池見陽、『傾聴・心理臨床学アップデートとフォーカシング 感じる・話す・聴くの基本』、ナカニシヤ出版、2016、P139）。

その結果、間違った（ロジャーズの意図とは異なる）傾聴が根づいてしまいました。例えば、熱中主任が「人を育てるのって難しいですね……」と言ったのに対して、滑川課長が「人を育てるのは難しい、と感じているんですね」と伝え返しをしましたが、あのように伝え返しを「する」ことが傾聴であるかのような間違いが広まってしまったのです。

では、本来は何をすべきとロジャーズは伝えていたのでしょうか。

それは「体験（Experience）」です。ロジャーズの真意は「受容する」「共感的理解をする」ことではなく、「受容を体験している」「共感的理解を体験している」こと。つまり、聴き手が心の中で「あなたは、そう感じたんだねぇ」「そんなことがあったんだねぇ」と体験（実感）していることです。

例えば、熱中主任が「彼（注：軽井鴨さん）がなんていうか、やる気が感じられないっていうか、打っても響かない感じで……」と言ったあと、須豪山課長が「響かない感じ……なんですね」と言いながら、「それってどんな感じだろう?」と熱中主任と自分自身の体の中で響かせています。その余韻ある態度や雰囲気が「……」というという吹き出しや須豪山課長の表情として表れています。須豪山課長は「熱中主任の気持ち」をまさに「追体験」しようとしているわけです。

それは、単に「響かない感じなんですね」と伝え返しを「する」（動詞＝Doing）のではなく、熱中主任の感じたことを「追体験」しようとする「心のありよう」であり、「状態＝Being」なのです。

「スベる傾聴」をしている人は、オウム返しや伝え返しを「する」という「動詞＝Doing」にばかり目がいってテクニックに走り、結果として傾聴ができていません。

須豪山課長のように、**「すごい傾聴」をしている人は、テクニックをいったん脇に置いてひたすらに『そうなんだねぇ』という、心のありよう＝Beingを体験する」ことに意識を向けています。それが結果として傾聴になる**のです。

これを実現するための具体的な方法は第2章にたっぷりと書いてありますが、簡単にイメージをしてみましょう。

まずは、心の中で、二人が正面から向き合うのをやめ、聴き手が話し手の隣に座り直すイメージをします。そうすることで、「話す人」「聴く人」という関係性から抜け出し、話し手のストーリーを目の前の壁に映画のように投影し、二人でそれを鑑賞するイメージで話を聴くのです。

そして、聴き手はそのドラマの主人公になってハラハラドキドキと感じてみます。言葉を換えるならば、聴き手が話し手の脳の中（内的準拠枠）に手をつないで入っていくような感じともいえるでしょう。もしそのような心のありよう（＝Being）が実現できれば、すでに傾聴のプロセスに入っていると言えるでしょう。

まとめ **話し手の体験を「追体験」できれば、それが結果として「傾聴」になるのです。**

「思考」を追うな、「感情」だけを追え。

では熱中さんが「もどかしい！」「じれったい！」「なんで伝わらないんだ！」ともっとも強く思ったできごとや場面があれば教えてもらえますか？

「抽象的」な話ではなく、具体的な「エピソード」を聴きます。

話し手に深い気づきがもたらされる「すごい傾聴」を実現するには、何が必要なのでしょうか?

傾聴の産みの親であるカール・ロジャーズは聴き手(カウンセラー)に必要な中核条件を明らかにしました。それが先に述べた「自己一致」「無条件の受容」「共感的理解」ですが、当初ロジャーズは、あくまでもカウンセラーのあり様だけを説き、クライエントの状況については語りませんでした。

しかし、ロジャーズはその後、研究パートナーであった哲学者ユージン・ジェンドリンから影響を受け、クライエントの語るプロセスに注目した理論を展開するようになりました。

メイジョリー・クラインらは、それを「EXPスケール」として表し、池見陽氏らが

ユージン・ジェンドリン(1926-2017)
アメリカ合衆国の哲学者。ロジャーズのもとでカウンセリングを学び後に共同研究者となる。ロジャーズが中核三条件を実現する技法を語らなかったがジェンドリンが「傾聴の手引き」でそれを公開した。哲学者ディルタイの影響を受けた体験過程やフォーカシングなど独自の概念と心理療法を提唱し人間性心理学に大きな影響を与えた。

コミュニケーションの5段階

できごと中心

段階1 Very Low

話し手はできごとを語るが、気持ちの表現は見られない。

例:「昨日は休日だったので映画に行きました。映画館は大変混んでいてほぼ満席でした」などのように、話し手の「心理」「感情」と関係のないできごとに終始するような状況。

段階2 Low

できごとを語る中に気持ちの表現があるが、気持ちはできごとへの反応として語られる。

例:「昨日は休日だったので映画に行きました。映画館は大変混んでいて、圧迫感があってきゅうくつに感じました」などとできごとから来る受け身な感情が表現されている状況。

気持ち中心

段階3 Middle

できごとへの反応としてではなく、自分のあり方を表明するように気持ちが語られている。豊かな気持ちの表現が見られるが、そこから気持ちを吟味したり状況との関連付けなどを試みたりはしない。

例:「やはり私は多くの人が観に行くようなヒット作ではなく、地味で観客は多くないけれど芸術的な作品を見ることが好きなんです」などと自分のあり方が表明されるが、その気持ちを吟味して更新したり、他と関連づけるなどは行っていない状況。

創造過程中心

段階4 High

気持ちを語りながら、その気持ちを自己吟味したり、仮説を立てて気持ちを理解しようとしている。話し方には沈黙がみられることが多い。

例:「うーん……芸術的作品?とも限らないなぁ……。 みんなと同じではなくて、人とは違うことが自分にとって大事なのかな?……どうだろう」など、自分の気持ちへの吟味や仮説検証が行われている状況。

段階5 Very High

ひらめきを得たように、気持ちの側面が理解される。声が大きくなる。何かを確信しているような話し方に変化することがある。

例:「そうか!みんなとは違うことが大切なんだ。 そう!人と同じこと大嫌いだもんね(笑)あー、これって父親にそっくりだ……子どもの頃、父に映画に連れて行ってもらったけどアニメとかじゃなくて難解な芸術作品みたいものばっかだった」など、ひらめきを得たような気づきや他とのつながり連携が発見され、確信に近い話し方になる状況。

＊5段階EXPスケール評定基準の概要(三宅ら、2008)をもとに著者が例を追記

１９８６年に日本語版ＥＸＰスケールを発表。それが三宅麻希氏らにより２００８年に5段階に簡略化されました（池見陽、『傾聴・心理臨床学アップデートとフォーカシング 感じる・話す・聴くの基本』、ナカニシヤ出版、２０１６、Ｐ67）。前ページの図のように、クライエント（話し手）の語る内容によって、カウンセリングによる気づきの効果が異なり、段階の数字が大きくなるほどより気づきが深くなるというものです。

この研究から明らかなように、効果的な傾聴を実現するためには、話し手に「できごと」や「思考」ではなく、「感情」を語ってもらうことが重要であることがわかります。ということは、裏を返せばそれを聴き手が促進しなければならないということ。つまり、**聴き手は「できごと」「思考」ではなく「感情」へ焦点をあて、話し手が「感情」を語ることを促す必要があるのです。**

そのために第一に必要なことは、聴き手が感情に敏感になるという状態（＝Being）です。しかし、研修講師の僕から見た多くの会社員は感情に対して極めて鈍感です。日々の仕事で課題解決ばかり「思考」することに慣れ、「感情」への興味を失っているのではないかと思います。

では、どうすればいいのでしょうか？

まずは、**自分の感情に敏感になる練習を繰り返す**ことです。

相手の「感情」を感じ取るためには、まずは自分自身の「感情」を感じ取ることが不可欠。逆に、自分の「感情」をありありと感じることができれば、自然と相手の「感情」にも敏感になることができます（そのための具体的な練習方法を第2章で書きました。日々実践していただきたいと思います）。

そして、相手の「感情」を引き出すために有効な「傾聴スキル」としては、「レポート（抽象的要約）」ではなく、「エピソード（「いつ、どこで、誰が、何を言った？」で瞬間を切り取った物語）を聴くこと（＝Doing）です。

例えば、熱中主任の話を受けて、滑川課長は「軽井鴨さんは、ネガティブというほどではないけれどポジティブさが足りない、と。Z世代らしい、ということでしょうか」と言いますが、これが典型的な「レポート（抽象的要約）」です。これでは、話が深まらないですよね？　このように、**「抽象的な分析」で人間の感情は動きません**。

一方、須豪山課長は「『もどかしい！』『じれったい！』『なんで伝わらないんだ！』と最も強く思ったできごとや場面があれば教えてもらえますか?」とエピソードを聞き出そうとしました（第2章 Ｐｏｉｎｔ⑮参照）。そして、その後、熱中主任は「悲しかった」という「自分の感情」に気づくわけです。

僕たちが、映画や小説やテレビドラマに感動するのは、そこにストーリーがあるからです。それと同じことで、エピソードを聴くと話し手も聞き手も感情を大きく揺さぶられます。そこで、「感情への焦点化」がたやすくできるようになるのです。

まとめ 気づきが起きる「すごい傾聴」を実現するために、聴き手は話し手に「できごと」「思考」を語ってもらうだけではなく、「感情」を語ってもらうように促します。

「すごい傾聴」の基本スタンス

傾聴の目的、効果、意味

話し手が自分で自分を傾聴できるようになり、自己否定をやめ、防衛的な仮面を外し、素のままの自分でいられるようになり、能力・活力・魅力があふれるようになること。

鉄則❶ “いい人”ぶるな、 「素のまま」でいろ。	聴き手が傾聴している態度が自然に話し手にコピーされ、話し手が自分自身を傾聴できるようになり、その結果として成長、自己実現できるようになる。そのためには聴き手自身が「いい上司のふり」をする役割演技の仮面を外し、素のままの自分でいる必要がある。つまりは自己一致している必要がある。
鉄則❷ 「言葉」を聴くな、 「追体験」せよ。	話し手が「体験」したストーリーを目の前の壁に映画のように投影し、二人で横並びでそれを鑑賞する。そして、相手の体験を「追体験」しながら「あなたはそう感じたんだねぇ」と感じる。そのような心の有り様（Being）になることができれば、それが結果として「すごい傾聴」になる。
鉄則❸ 「思考」を追うな、 「感情」だけを追え。	傾聴が深まり、話し手に気づきが起きるためには、話し手が「できごと」「思考」ではなく「感情」を話す必要がある。そのために聴き手は分析的な要約である「レポート」を話し手に語らせてはいけない。小説や映画の一場面のような「エピソード」を語らせることで感情への焦点化が行われる。

第2章

「スべる傾聴」から脱却する23のポイント

「傾聴」って簡単でしょ？　だって、相手の話を聴けばいいんだから……。そう思ってる人がいたら要注意！　「傾聴」は実に奥深いものです。第2章では、「スベる傾聴」を卒業して、「すごい傾聴」ができるようになるために、絶対に押さえておくべき23のポイントをお伝えします。

Point 01

▼どのような「人格」で聴くか？

スベる傾聴
〝いい人〟ぶる

すごい傾聴
「素の自分」でいる

滑川課長は無理に笑顔を作るなど「役割演技」をしていますが、須豪山課長は、無理に笑顔を作らず、時には心のままに眉間にしわを寄せるなど、「自然体」でい続けています。

のっけから恐縮ですが、僕は「いい人風味」の人が嫌いです。

滑川課長のように、本当は優しくなんかないのに猫なで声で話す上司。本当は怒っているのに不自然な笑顔で話す先輩。役割を果たすために頑張っているのはわかるのですが、つい、心の中で「うさんくさ……」と毒づきたくなってしまうのです。

だから、年間300回、毎年1万名もの受講者へ、傾聴などのコミュニケーション研修を提供する企業研修講師兼心理療法家（公認心理師）の僕はいつもこう伝えています。

「下手なテクニックを使うくらいならば、不器用なままでいて下さい。

嘘はすぐにバレるのです。**あなたが〝いい上司〟のふりをすれば、必ず相手も〝いい部下〟のふりをします。嘘と嘘の関係の中で傾聴などできるはずはありません**」

偉そうに語っている僕ですが、十数年前までの僕はまさにそんな「いい人風味」の嫌な上司でした。中途半端にコーチングや心理カウンセリングを学び、それをマネジメントで活かそうと、ベンチャー企業の社長や役員として、〝いい上司〟を演じていたのです。

そんな僕の考えがガラリと変わったのは、心理カウンセラーとなることを目指して、より本格的に心理学を学び始めた時のことでした。

僕のお師匠さんがこんな体験談を聴かせてくれたのです。

そのお師匠さんが数十年前にアメリカの大学で心理学を学んでいた時の教授が授業でこう言ったそうです。

「どんなことでもいいので思ったことを一人ずつ話そう。それでは最初に私が話します」

そう言って教授が話し始めたのは、彼が最近離婚で嫌な思いをしたという話でした。

教授は長年連れ添った妻と離婚をした時に、分与で財産が半分になったことが納得いかないというのです。

そして、「今後はもう結婚はしない。なぜならば、自分が稼いで貯めた財産を半分も持っていかれるのはまっぴらごめんだから」と断言したというのです。

それを聞いた学生だった頃の僕の師匠は驚いたそうです。

「心理学の大学教授ともあろう者が、こんなに下品な話をしてもいいのか」と。そして同時に安堵《あんど》したと言います。「それならオレだってどんな話をしても大丈夫だな」と。

「いい人風味」の笑顔で、立派なことばかり言う上司の前で、部下は正直になれません。**部下に本音を話してほしければ、まず上司が本音をさらけ出さなければならない。**滑川課長は〝いい上司〟という役割演技をするために、わざとらしい笑顔を作っていますが、それゆえに熱中主任は心にもない忖度《そんたく》で答えざるを得なくなりました。そうでなく、須豪山課長のように、まずは自然体でいることです。作り笑顔をやめること。全身でいつもの自分らしくくつろいでいることが大事です。

その空気が相手にこう語りかけるのです。

「僕はこんなに普段通りだよ。君だって自然体でいいんだよ。お互いに無理して〝いい人〟ぶるのはやめようぜ。僕も君も、所詮《しょせん》は普通の人間じゃないか」

この姿勢こそが、「すごい傾聴」の土台となるのです。

まとめ 〝いい上司〟を演じていると、相手も心を開きません。まずは聴き手が「自然体」になって、いつもの自分らしくくつろぐことが大切です。

▼話し手と聴き手の「位置関係」

スベる傾聴

寄り添う

←

すごい傾聴

「追体験」する

じゃあ自分も
目指そうかな、
とか一切なくて、
それで終わり。
え⁉
それだけ？
って感じで
うんうん

滑川課長は無意識で「寄り添ってあげる」という治療者と患者のような上下関係を作っていますが、須豪山課長は純粋に熱中主任に興味を持ち「同じ体験」を味わっています。

「寄り添うな！」

僕が尊敬する心理学の師匠からこう言われて、僕は大いに混乱しました。

これまでの常識を全否定するような言葉に、頭の中が「？」で一杯になったのを覚えています。しかし、その後の講義を聴いて、目から大きなウロコがポロリと落ちました。

「そうか……。だから僕の傾聴は今までスベっていたのか」と。

一般的な新米カウンセラーが学ぶのは、「相手に寄り添いなさい」ということです。

しかし、**相手に寄り添う時、それはカウンセラーという仮面をかぶった演技であり嘘だと師匠は言う**のです。

師が教える対話は、生身の人間同士が上下の別なく対等に対峙《たいじ》する場です。**互いが内面を伝え合う時には、対人関係上のリスクを伴います。否定されるかもしれない。軽蔑されるかもしれない。本音を伝える時にリスクテイクせずいることは不可能**です。

聴き手が話し手に本音を語らせる、ということは、相手を裸にするに等しいのです。にもかかわらず、聴き手側が寄り添いという仮面をかぶってネクタイをしていたのでは、まったくもって対等ではない。こちらも服を脱いで裸になり、相手と同じリスクを取らなければならない。そのためには、役割演技を捨てることが必要なのです。

では、相手の話を聴きながら聴き手は何をすべきなのでしょうか？

それは「追体験　Re-experiencing」です。この言葉の定義は、次の文章で明らかです。

「追体験とは、『他人の体験をあとからなぞり、自分の体験のようにとらえること』［広辞苑第六版］である。他者の話を聞きながら、他者の体験が「目に浮かぶ」とき、追体験していると言えるだろう」（池見陽、「体験過程モデル」、人間性心理学研究第39巻第2号、２０２２、Ｐ１３１－１４１）。

例えば、話し手がこんな話をしたとします。

「中学受験目前の息子が、模擬試験の成績が悪いのに、勉強せずゲームばかりしている。父親として叱ってでも勉強させたいが、それでは長続きしないのはわかっている。自分としても、息子の自発性を大切にして見守る寛大な父でありたい。しかし、このままでは息子が合格するとは思えない。口を出すべきか、我慢すべきか……」

この話に対して、旧来の傾聴では「相づちやオウム返しをしながら寄り添え」と教えます。「息子さんが勉強なさらない。あなたは叱るべきか、見守るべきか迷っている。葛藤《かっとう》されているんですね……」。まるで熱中主任にオウム返しをする滑川課長のようです。

この時、**聴き手は話し手に寄り添ってあげています。聴き手の方が、明らかに立場が上。テーブルを挟んで向かい合い、対岸の安全地帯から相手を見下ろしている**のです。

しかし、須豪山課長はそうではありません。まるで話し手のストーリーを映画のようにプロジェクターで壁に投影しながら、隣に座って一緒に映画を見て体験を味わっているかのようです。これこそまさに「追体験」です。それは**まるで話し手と手をつないでタイムマシンに乗り、話し手と同じ体験を味わうかのような聴き方**です。

そして、話し手になりきって、ゲームばかりしている息子を目の前にした時の、自分の感情を体の中で響かせてみる。そうすれば、「叱ってでもやらせたい気持ちなんですねぇ……確かに……迷いますよねぇ……うーん……」といった、従来型の偽物の傾聴とはまったく違う、相づちや質問が自然に出てくることでしょう。

そのとき、話し手も「そうでしょ?」と一歩、こちらに歩み寄ってくれるはず。そして、自分の本音を口にしてもいいかな、という心理状態に近づいていくのです。

まとめ 「寄り添ってあげる」というスタンスでいる限り、相手は本音を話してはくれません。相手が体験したことを、「追体験」して味わってみることが大切です。

Point 03

▼「伝え返し」の目的

スベる傾聴

機械的に「伝え返す」

すごい傾聴

「理解の確認」をする

滑川課長は目的なく「伝え返し」というテクニックを使っていますが、須豪山課長は「理解の確認」としての「伝え返し」をしているから、効果を発揮しているのです。

「まだ、そこまでは」、これが最後の言葉ですか？ここで話が終わった？
キラッ

新米カウンセラーやコーチが最初に習うのが「オウム返し」のような「伝え返し」です。「オウム返し」とは相手の言葉をほぼそのまま返すこと。ロジャーズの言葉を借りれば〝Reflection〟、一般的に「反射」と訳されます。

「伝え返し」の場合は、そこに相手の言葉で表現されていない真の意図や意味、感情などをすくい取り、鏡のように相手に返します。一般的には〝Clarification〟、「明確化」と訳されます。

そして、これらを聴き手が繰り返すことで「①話し手との信頼関係が深まる」「②話し手が自分の感情や意図に気づくことができる」「③話し手の意図や真意を確認することで、聴き手が間違いを修正できる」などが期待されるとされています。

マンガの中では滑川課長も須豪山課長も、ともにこれらを使いこなしていました。しかし、何かが違って見えます。滑川課長の「伝え返し」はスベってしまい、須豪山課長の「伝え返し」は「すごい傾聴」になっていました。

では、何が違ったのでしょうか？

それは、**日本語で「伝え返し」と呼ばれている行為の本来の意味が、「理解の確認**

（Testing Understanding）」であることをわかっているかどうかによるように思われます。

つまり、滑川課長は「理解の確認」をするのではなく、ただ機械的に「オウム返し」をしていただけで、意図や目的のない単なる「手段・テクニック」として使っていたように見えるということ。

一方、須豪山課長は自分がすくい取った「相手の感情や意図、真意など」に、自らの推測が含まれていることをよく理解しているからこそ、相手をリスペクトして「合っていますか？　間違っていたら修正してくださいね」と「伝え返し」をしているのです。

その際に大切なのは、「語られた内容＝コンテンツ」だけを確認するのではないということです。コンテンツに加えて「コンテキスト＝背景となる文脈や事情やニュアンス」も含めて「伝え返す」ことがきわめて重要なのです。

ところが、滑川課長の「伝え返し」は、「コンテキスト＝背景となる文脈や事情やニュアンス」を意識したものではないどころか、「軽井鴨さんは、ネガティブというほどではないけれどポジティブさが足りない、と。Z世代らしい、ということでしょうか」とただ相手の発した言葉をそのまま返しているだけで、自分の中で「熱中主任の言葉」を吟味したり、理解したりしようとしていません。

一方で須豪山さんは、「コンテンツ」のみならず「コンテキスト」をわかろうとして、自分の中で熱中主任の言葉を響かせ体で感じ取ろうとしています。すると、話し方も淡々とした口調ではなく、話し手と一体化したように「思いが伝わらなくて、もどかしいような……、じれったいような……そんな気持ちなるんでしょうか……」という迷いや言いよどみ、苦悶の表情までも一緒に相手に返しています。

このように、何も考えずに「コンテンツ」のみを相手にそのまま形式的に「伝え返す」からスベるのです。そうではなく、**「コンテキスト」を含め自らの体の中で「相手の言葉」を響かせながら、「相手がどんな感情でいるか」を確認するために、「合っていますか？間違っていたら教えてください」と謙虚に「伝え返し」をする。**それこそが「すごい傾聴」なのです。

まとめ 「傾聴のテクニック」として機械的に「伝え返し」をしても意味がありません。自分の「理解」が合っているかどうかを謙虚に「確認する」ことが大切です。

Point 04

▼共感する際の「立ち位置」

スベる傾聴 「第三者」として聴く

⬅

すごい傾聴 相手に「なって」聴く

滑川課長は第三者の立場から「評論」「助言」を口にしますが、須豪山課長は熱中さんに「なる」ことで、自然に当事者としての感情を「追体験」できています。

なんだ。
じゃあ、
やる気がない
わけじゃ
ないのか
はあ!?

話し手の話を追体験をする時に大切なのは、「第三者の立場」を捨てることです。話し手の話を聴こうとするのではなく、話し手そのものに「なって」みる。

相手を「理解する」のではなく、一旦相手に「なり切る」のです。

例えば、犯罪者の更生支援にカウンセリングは大いに役立ちます。

しかし、その際カウンセラーが対象者を客観的に分析し、知的に理解しようとしたら、支援される側は心を開くでしょうか？　おそらく難しいと思います。「分析する人」と「分析される人」という立場の違いがあるために、「分析される人」は防衛的になるからです。

だから、心を開いてもらうためには、話し手と聞き手は対等でなくてはならない。そのためには、あたかも「今ここ」で（イメージの中で）相手と同じ場面に立ち、同じ体験をすることが必要なのです。

ところが、これが難しい。なぜなら、対象者が傷害事件を起こし、人を刃物で刺してしまったのだとしたら……、聴き手はどうしても第三者的に冷めた目で見てしまうものだからです。だけど、そのスタンスに立ってしまうと、対象者が心を開いてくれることはないでしょう。ここで大切なのは、「自分だったら刃物を持ったりしない。まったく理解できない……」と第三者でいるのではなく、相手に「なって」みることです。

「もし僕がこの人と同じように貧しい家庭に生まれ、小学校でいじめられ、家で父親から殴られ、母から見捨てられて家出されてしまい、会社で上司からパワハラに遭い、その上リストラされてしまったとしたら……。もしも、その時に目の前の人に侮辱《ぶじょく》され、蔑《さげす》みの言葉を投げられたとしたら……僕だってその人を刺してしまうかもしれない……」

いかがでしょうか？　このように**相手の体験してきたことを「追体験」できれば、単なる第三者として「断罪」することはできない**はずです。

もちろん、これは犯罪者に対するカウンセリングの話ですが、あらゆるコミュニケーションに通じると僕は思います。例えば、「ミスをして上司に叱られ、ふてくされている後輩」とどのように向かい合うか？　そんな場面でも、同じ問題にぶつかるはずです。

ここで大切なのは、「ふてくされた」という「結論の場面」だけで、その後輩になりきろうとするのではなく、**「結論の場面」に至るまでの時の流れ全般、話し手の現在の立場や周囲の人間との関係性、さらには生い立ちも含めて体験してみる**ことです。

また、頭で考えないことも重要です。「この人はこう考えるだろうな……」と推測するのは、「思考」の領域であって、「体験」ではありません。そうではなく、相手の「体」を「あたかも」（Ａｓ　Ｉｆ）自分の「体」であるかのように感じるのです。

そのように相手になりきると、須豪山課長のように眉間にしわが寄ったり、笑顔になったり、表情までごく自然に相手と同じになっていきます。それが、結果としてミラーリングになるのです。一方、滑川課長は、常に熱中主任とは別人の立場にとどまったままで、テクニックとしてのミラーリングを演じていました。両者は、まったく違うのです。

古来から東北地方の北部では、死者や祖先の言葉を伝える霊能者であるイタコが、人々の心を癒やしてきました。イタコは、自分自身に死者の魂を憑依《ひょうい》させる「口寄せ」を通じて生者と死者を媒介します。あのイメージです。あたかも自分がイタコになったかのように、話し手を自分に憑依させ、話し手の体が自分の体であるかのように感じ、体験するのです。

心理学者のアルフレッド・アドラーはこれを、**「相手の目で見、相手の耳で聴き、相手の心で感じよ」**と述べました。「すごい傾聴」は話し手を理解するのではない。聴き手が話し手に「なって」同じ体験を味わう（追体験）のです。

まとめ **相手を「頭」で理解するのではなく、相手に「なり切って」みることが大事。**

▼何に「焦点」を当てるか？

スベる傾聴

「できごと」「思考」を追う

←

すごい傾聴

「気持ち＝感情」を追う

須豪山課長は「できごと」「思考」「感情」の切り分けができていて、常に「感情は？」と深掘りをしていきます。

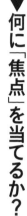

傾聴の基本は、話し手が話したそうにしていることを聴くことに尽きます。

つまり、聴き手側が「確認したい」と思うような、自分自身の興味関心に基づいて質問するのは傾聴とは言わないのです。とはいえ、話し手の話にただついていくだけでは、「すごい傾聴」になりません。では、どうすればいいのでしょうか？　答えはシンプル。「気持ち＝感情」を聴くのです。

コミュニケーションは「浅いレベル」から「深いレベル」まで階層になっています（第1章　Ｒｕｌｅ❸の図）。

いちばん浅いレベルが「できごと」を聴く。例えば「昨日、浅草に行ったんです。人がたくさんいました」というレベル。これは心理学的に言えば、極めて浅いコミュニケーションです。なぜならば、ここに話し手の「心」は一言も語られていないからです。

二つ目のレベルは「思考」を聴く。「ロジカルシンキング」や「分析」が近いでしょう。例えば「浅草は混んでいました。インバウンドが増えてきたのが原因ですね」。これが思考のレベル。まだまだ浅いコミュニケーションです。**思考を聴いているだけでは、人となりが少しだけしか見えてこない**からです。

では、「すごい傾聴」は何を聴いているのでしょうか？

思考ではなく、「気持ち＝感情」を聴いているのです。

例えば、こんなふうに聴いてみるのです。

「ほぉ、浅草は混んでいましたか（できごと）？　それを見てどう感じましたか？（感情）」

この質問に対して人はさまざまな答えを返すでしょう。

「にぎやかでワクワク（感情）しました」という人もいるでしょう。「コロナに感染しそうで怖くなり（感情）ました」という人や「混んでいて億劫（感情）になりました」という人もいるかもしれません。同じできごとに遭遇しても、抱く感情は人それぞれであり、それが「人となり」なのです。そして、「気持ち＝感情」を聴くことこそが、相手と深く対話することであり、相手を知ることなのです。

「すごい傾聴」では、この「気持ち＝感情」を対話の中で何度も何種類も聴いていきます。

例えば、「隅田川を船で下ったのですね（できごと）。どんな気分でしたか？（感情）」と聴いても、この質問に話し手が答えてくれるとは限りません。

「気持ち＝感情」を質問したのに、「ボートはあまり混んでないと感じました」と（できごと）＋（思考）で返事が返ってくるのはよくあることです。そこであきらめてはいけません。しつこくならないように、「混んでないと思った（思考）時に、どう感じ（感情）

ましたか？」と重ねて聴くのです。これを繰り返すことで、ようやく感情に焦点を当てることが可能になっていくのです。

ところが、滑川課長は熱中主任から「できごと」と「思考」しか聴けていません。「軽井鴨くんはZ世代（事実）で冷めている（思考）」と言うだけで、その先に熱中主任がどのように感じたのか（感情＝喜怒哀楽＋α）を何も聴いていないからスベるのです。

一方で須豪山課長は、一貫して「もどかしい」「がっかりした」などの「気持ち＝感情」を聴いています。そして、熱中主任との深いコミュニケーションへの糸口をつかみとっているわけです。

「できごと」と「思考」だけを聴くからスベる。

徹底して「感情」に焦点を当てることこそが、「すごい傾聴」の基本なのです。

まとめ 「できごと」「思考」と「感情」を区別して、常に「感情」へと焦点を当て続けることが大切です。

Point 06

▼どんな「自己開示」をするか？

スベる傾聴

「自分の気持ち」を伝えない

すごい傾聴

本物の「自己開示」をする

私はそんな後輩思いの熱中さんが誇らしいですよ。
さすがはリーダーですね

滑川課長は「自分の気持ち」を一切伝えず、「分析」「助言」をするばかりですが、須豪山課長は「自分の感情」も開示しているため共感が生まれています。

「すごい傾聴」では、「できごと」「思考」だけではなく、「気持ち＝感情」を聴くことが大切ですが、実は「聴く」だけでは足りません。聴いて感じたことを「伝える」必要があります。つまり、相手だけに「気持ち」を自己開示してもらうのではなく、こちらも自分の「気持ち」を自己開示しなければならないのです。

では、聴き手はどんな自己開示をすればよいのでしょうか？　それは、住所、年齢、家族構成といった、スパイが調べればわかるような単純な身元情報ではありません。あるいは、話し手が語ってくれた体験と似た「自分の体験」を伝えることでもありません。そうではなく、**相手の話を聴いて、「今ここ」の自分の気持ちを開示することが大事**です。

例えば、相手からこんな悩みを聞いたとしましょう。

「中学受験目前の息子が、模擬試験の成績が悪いにもかかわらず勉強せずゲームばかりしている。父親として叱ってでも勉強させたいが、それでは長続きしないのはわかっている。自分としても息子の自発性を大切にして見守る寛大な父でありたい。しかし、このままでは息子が合格するとは思えない。口を出すべきか、我慢すべきか……」

これに対して、こう返すのはよい自己開示とは言えません。

「私にも似たような体験がありましたよ。娘が成績が悪いのに勉強せずゲームばっかりしていた。私の場合は怒ってゲーム機を取り上げたのですがね。効果ありませんでした」

そうではなく、例えばこのように言葉を返すといいでしょう。

「息子さんが全然勉強をしないんですね。その話を聴いていると、僕も○○さんになった気分で腹が立ってきましたよ。そして、少し悲しい気持ちになってきたなぁ。なんだか子どもを思う気持ちを無視されているようで……がっかりしています」

このように、「今ここ」の自分の気持ちを開示すればいいのです。つまり、**話し手に感情移入し、追体験しながら自分の中に湧き起こってきた怒り、悲しみ、恐れなどの「気持ち＝感情」を伝える**。それこそが、本来の自己開示なのです。

ところが、滑川課長は、熱中主任の話を聴いて、自分の中に湧き起こる感情を一つも伝えていません。伝えているのは「分析」と「助言」だけです。一方で須豪山課長は、「後輩思いの熱中さんが誇らしいですよ」などと「今ここ」の自己開示ができています。

組織開発（Organization Development）の理論の中に、「ユースオブセルフ（Use of self）という方法論があります。それは、組織変革の当事者が、ツールやフレームワークを頼りに変革を行うのではなく、自分が感じた「違和感」や「大切に思う点」などを活かしていくという考え方です。

「すごい傾聴」で行う自己開示もまさにユースオブセルフ。**聴き手が「オウム返し」や「相づち」や「寄り添い」という役割演技に頼るのではなく、自分の心の中に湧き起こった自然な「気持ち＝感情」を使う**。それが大切なのです。

しかし、これは簡単なようで意外に難しい。

聴き手が話し手のストーリーを聴きながら追体験すると同時に、自らの心の声を聴きそれを表現する。それができるようになるためには、聴き手自身が自分の心の声を聴けていることが必要だからです。「今、自分はどんな気持ちなのだろうか？」「怒っているのか？悲しいのか？」という自問自答ができていなければなりません。自分の中に湧き起こった「気持ち＝感情」を伝えるのにも経験と技術が必要なのです。

まとめ　「オウム返し」「相づち」「寄り添い」などの役割演技に頼るのではなく、〝今ここ〟で自分が感じている「気持ち＝感情」を伝えることが大切です。

Point 07

▼「感情」への感度を高める方法

スベる傾聴

「相手の感情」に気づかない

すごい傾聴

まず、「自分の感情」に気づく

そうなんです！
じれったくてもどかしかったです。
その通り！

須豪山課長は、熱中主任の話が「思考」に偏っていることに気づき、「もどかしい？」などと感情を推察することで、深い会話につなげています。

「自分の感情」に鈍感な人は「他者の感情」にも鈍感です。

研修講師の僕がつくづく感じるのは、管理職たちが自分と部下の感情に極めて鈍感であることです。組織の中で働く僕たちは、「自分の感情」を押し殺しながら仕事をしています。上司たるもの部下に怒ってはいけない。会社や経営に期待してはいけない。部下は上司に反対意見を言ってはいけない……。このように、**会社に合わせるために、「自分の感情」を麻痺させ感じないようにする**のです。

それを繰り返すうちに、いつの間にか僕たちは自分自身の「本当の気持ち＝感情」に気づかなくなっているのです。その証拠に、管理職研修で僕が受講者に「今どんな感情?」と質問をすると、決まって一定の割合が「感情って何ですか?」と答えるのです。

また、**僕たちは「嘘の感情」を感じることにも慣れています**。従業員数2万名以上のある大手企業で、人事担当者が自社での研修を振りこう語っていました。

「我が社の管理職はみんな〝いい人風味〟です。先日もマネジメント・スタイルを振り返る研修があったのですが、発表する人が次々と『以前は、部下に怒りを感じていましたが、最近はまったく感じなくなりました。私も丸くなったようです』と言ってました」

その人事の方は、彼ら管理職のことを昔からよく知っているので、それが非常に「嘘くさく」聞こえたと言います。そして、**「あんな風にいい上司を演じるくらいならば、むしろ『まだまだ怒りが抑えられません』と正直に白状すればいいのに」**と話していました。

このように、僕たちは「社会の風潮」や「会社からの期待」に応えようと、無意識に「自分の感情」を偽り、「演技」を繰り返します。そうしているうちに、ますます「自分の本当の感情」がわからなくなっているのです。

「自分の感情」を感じられるようになるためには、レッスンが必要です。

僕が自分と相手の感情がわかるようになれたきっかけは、「気づきのレッスン」にあります。「気づきのレッスン」とは、二人一組になり、「今ここ」で気づいていることを三つに切り分けながら伝えるゲシュタルト療法の練習方法です。

一つは「外部領域」。自分の皮膚の外側で起きている現実を、五感を使って感じることです。例えば、「車のエンジン音が聞こえていることに気づいています」「白い壁が見えていることに気づいています」などといった具合です。

二つ目は「内部領域」。皮膚の内側で起きている体の感覚と感情に気づきます。「胃がキューッと緊張していることに気づいています」「肩が重く疲れていることに気づいています」などがそれです。

三つ目は「中間領域＝思考」です。「家に帰ったら資料を作らなくては、と考えていることに気づいています」などがそれにあたりますが、ここでのポイントは、「思考」と「感情」の切り分けをしっかりとすること。つまり、「家に帰ったら資料を作らなくては、と考えていることに気づいている」（思考）ことと、「『家に帰ったら資料を作らなくてはならない』（思考）ことに、『ウンザリしている』（感情）ことに気づいている」ことの違いを認識する必要があるということです。

そのために注意していただきたいのが、「思う」という曖昧言葉を使わないことです。というのは、**「思う」という言葉は、「思考」と「感情」の両方を含んだ言葉であり、これが両者をごちゃ混ぜにする大きな要因**だからです。

このように、「考えている」（思考）のか、「感じている」（感情）のかを常に切り分ける癖をつけるようにして下さい。そして、傾聴においては、常に「感情」にフォーカスしていくことが大切なのです。

まとめ **「自分の感情」に気づけるようになれば、自然と「相手の感情」も感じ取れるようになります。**

Point 08

▼「感情」の所在地

スベる傾聴
「表面的」な感情を聴く

↓

すごい傾聴
「暗在」する感情を聴く

須豪山課長は、熱中主任の言葉の裏にある「深い感情」や「信念価値観」を見つけることで、熱中主任に深い気づきをもたらしました。

もっと成長してほしい。それを彼も望んでいるはずだ、と思ったら肩透かしを食らったような……。自分の気持ちをわかってもらえなかったことが、少し悲しくもある……

「すごい傾聴」は、「表面的な言葉」だけを聴くことではありません。**表現された言葉の裏に「暗に存在」する「感情」や「意味」や「想い」などを表に出して一緒に経験する。**そのプロセスこそがもっとも大切な傾聴のあり方です。しかし、「スベる傾聴」ではそれをしません。「表面的な言葉」を形式的にオウム返しして、すぐに別な話題に移ってしまいます。これでは傾聴は深まりません。

「スベる傾聴」のマンガの中で、軽井鴨さんに関して、熱中主任が「やる気が感じられないっていうか、打っても響かない感じ」という言葉を滑川課長へ伝えました。この言葉の裏には何か感情が隠れていそうです。傾聴のチャンスです。

しかし、滑川課長は「なぜやる気がないのですか？」と感情に照準を合わせるのではなく、思考へと話題を切り替え、原因分析をしようとしました。これでは傾聴になりません。

一方で須豪山課長は「打っても響かない感じ、なんですね……」と理解の確認をし、熱中主任の中と自分自身の中でその言葉を響かせ、体でじっくりと味わっています。

この「響かせる」というプロセスがあることで、「やる気がない、打っても響かない」という言葉の裏に「暗に存在」していた、熱中主任の気持ちが徐々に表出されて、深まっていきました。それが「Z世代はわからないっすわ」という言葉です。

先に挙げられた「やる気がない、打っても響かない」という言葉と、「Z世代はわからない」という言葉には何かつながりがありそうです。その関係の中にまだ言葉になっていない「想い」や「感情」が「暗に存在」しています。そこで、須豪山課長は「熱中さんが言うZ世代ってどういう意味です？」と質問をします。隠れている何かを表現するよう促したのです。

そこから次々と、熱中主任の中に隠れていた気持ちが言葉にされました。

それが、「熱さがなく冷めている」「もっと熱く仕事をしてほしい」「もどかしい、じれったい」「理解できない」「がっかり落胆」「本当は彼に期待していた」「成長してほしい」「悲しい」という言葉たちです。それを聴くこと、それをともに体験することこそが本当の傾聴なのです。

傾聴の目的は、「課題解決」することでも、「考えを整理」することでも、「信頼関係を築く」ことでもありません。これらはあくまでも副次的な効果。本来は**話し手となる部下**

が、聴き手である上司の傾聴をコピーし、「自分で自分に傾聴ができるようになる」ことです。

すると、話し手は防衛的な反応をやめ、仮面を外し、「素のままの自分でいいのだ」と気づきます。そして、**これまで隠していた気持ちや、見ないようにしていた本当の気持ちを表に出し、自己一致できるようになる。**話し手本来の「自分を生きる＝自己実現」できるようになっていくのです。

そのためには、「表面的な言葉」だけを聴かないこと。裏に隠れて存在している「感情」「意味」「想い」を、聴き手がお手伝いしながら探索、表出していくことが必要です。それこそが「すごい傾聴」なのです。

まとめ 「表面的な言葉」を聴いているだけでは傾聴はできません。「表面的な言葉」の裏にある「感情」を引き出すことができたときに、「すごい傾聴」が実現するのです。

▼「ナラティブ（言葉）」と「ソマティック（身体）」

スべる傾聴
「言葉」を鵜呑みにする

←

すごい傾聴
「表情」から読み取る

滑川課長は、熱中主任の「言葉」を鵜呑みにしていますが、須豪山課長は、熱中主任の「表情」「仕草」などに注目することで、その「感情」を察知しています。

上司「新しい案件をあなたにお願いしようと思うんだけど、キャパシティ大丈夫かな？」
部下「……はい。業務量は結構パツパツですが……まぁなんとかなります。大丈夫です」
上司「そう？　無理しないでね」
部下「はい……」

この上司と部下の会話、おそらく部下はまったく大丈夫ではない。**話し手の言葉を信じてはいけません。話し手のメッセージを、全身から読み取らなければなりません。**うつむき加減な首の角度で、白っぽい顔色で、うつろな視線で、元気のない表情で、だらりと落ちた肩で、わずかに震える指先で、低くかすれがちな声のトーンで、部下は体でこう言っています。「本当は無理です……でも断れません……。だから引き受けるしかないんです」。

「言葉（バーバル）」で語られる内容と、「非言語（ノンバーバル）」で語られる内容が矛盾している時に、どちらを信じるかという「メラビアンの法則」によれば、人は非言語を93％信じると言います。私たちは経験から、どちらが真実かを知っているのです。

言葉を司るのは大脳新皮質です。言葉は理性にコントロールされ慎重に選ばれます。別の言い方をすれば、**言葉は「嘘」をつく**ものだとも言えるわけです。滑川課長は熱中主任の言葉しか聴いていませんが、だからこそ「嘘」に騙されてしまっているのです。

一方、「目の輝き」「表情」「首の角度」など、体の微細な動きは自律神経の働きであり、理性でコントロール不可能（不随意）です。だからこそ、**非言語は「嘘」をつくことができない**。須豪山課長は熱中主任の「表情」などに目を配って一つずつ確認しているから、その「本音」に気づくことができるというわけです。

だから、本物の傾聴とは言葉を聴くことではありません。全身から発せられる「表情」「目の輝き」「顔色」「声色」「指の動き」などなど……そのすべてが「何かを語っている」と認識して、常に観察し、体が発しているメッセージを読み取らなくてはいけません。

話し手の「無意識の表現」を言葉にしていく深いレベルの心理療法では、質問をしながら体の動きを言葉で表現するお手伝いをしていきます。

例えば、ゲシュタルト療法では「その人差し指の動きが、もしも言葉を話すとしたら何と言っていますか?」と聴いたりするわけですが、ビジネスやプライベートで傾聴を活かしたいと考える皆さんにとってこのアプローチはハードルが高過ぎるでしょう。

そんな時は、「表情」「体の動き」のトラッキング（追跡・追尾）に加えて、**語られる物語をもとに相手になりきって、「もし私が彼だったら、どんな気持ちになるだろう?」と追体験して、それを言葉にして相手へぶつける**のです。例えば、こんな感じです。

上司「新しい案件をあなたにお願いしようと思うんだけど、キャパシティ大丈夫かな？」

部下「……はい。業務量は結構パツパツですが……まぁなんとかなります。大丈夫です」

上司（体の発するメッセージを見つけて＋相手になって感じてみて）「表情が苦しそうで肩に力が入っているように見えます。もしかしたら、本当は苦しいのではないでしょうか。無理せずに本当の気持ちを教えてくれると助かります」

その場合のポイントは、**決めつけずに相手に確認する**こと。相手の気持ちは相手にしかわかりません。須豪山課長も、「もしかしたら、〇〇な感覚もありましたか？」などと慎重に尋ねています。この点に気をつけながら、相手の体が発する言葉を確認することが、「すごい傾聴」につながるのです。

まとめ **言葉は「嘘」をつきますが、表情などの体は「嘘」をつきません。言葉にとらわれるのではなく、体から相手の「感情」に迫っていくのが傾聴のコツです。**

Point 10

▼「本心」に迫る

スベる傾聴

"いい話"を信じる

すごい傾聴

「ポジ」で上書き前の「ネガ」を聴く

滑川課長は、熱中主任の「私もあきらめず根気強く指導していきます」というネガティブを上書きしたポジティブを鵜呑みにしています。

はい。わかりました。私もあきらめず根気強く指導していきます
わかってくれましたか。それならばよかった

傾聴の目的は、あくまでも話し手の「本心」すなわち「本当の気持ち」を聴き、それがどのような内容であろうと共感的に受容することにあります。

そして、人の「本心」は、50%以上の確率でネガティブです。しかし、そのネガティブな「本心」を聴こうとせず、耳障りのいいポジティブな「きれいごと」の「嘘」をそのまま聴く人のいかに多いことか……。

人は悪意ではなくむしろ善意で、そして無意識に「いい話」を語ります。**相手への敬意として、そしてネガティブな自分を認めたくないがために、本当はネガティブな話をポジティブで上書きをする。そして、自分がネガティブをポジティブに上書きしていることにすら気づかずに語るのです。傾聴の聴き手は、それを見破らなくてはなりません。**

例えば、部下が上司についてこのように語っているとしましょう。

「上司から一方的に責められたように感じました。正直、『そこまで言わなくてもいいのでは……』とは思いました。でも、それもこれも、上司が私を育てようという愛情だと思って、今はむしろダメ出しをしてくれた上司に感謝しているんです……」

この話に、あなたはどのようにリアクションをするでしょうか?

まさか、バカ正直に「言葉」を信じてしまってはいないでしょうか。「上司に感謝しているんですね……」。こんな見当違いな伝え返しをすることが、正しい傾聴だと思っていませんでしょうか。滑川課長が熱中主任の「はい。わかりました」という〝いい話〟を鵜呑みにしているように……。

もしも、この言葉を僕が聴いたとしたら、このように返すことでしょう。

「……一方的に責められているように感じた。『そこまで言わなくても』と憤り……怒りや納得がいかない……そんな気持ちを感じたのでしょうか」

このように、まずは**ポジティブで上書きされる前の「正直なネガティブ」をしっかりと表に出し、ゆっくり、じっくりと味わう。そしてそのネガティブを否定せず肯定することが大切**です。

そこで、相手が驚いたように「あ……確かに怒りを感じていました……」とじっくり味わい終えた後で、僕は「そして(AND)、一方で感謝の気持ち『も』あった」と補足するでしょう。

つまり、**ネガティブを否定しポジティブで上書きする表現をしないこと。ネガティブはネガティブで確かにあった。それは何も悪いことではない。しっかりと否定せずに認めよう。味わおう。**それが終わった後で、「しかし（BUT）」で上書きせずに、並立の「そして（AND）」でポジティブも味わう。

このように、ネガティブとポジティブを対等に、双方をしっかりと認め、味わい尽くすのです。須豪山課長は「もどかしい」「がっかり」「悲しい」といったネガティブな感情を否定せず、熱中主任とともにじっくり味わいながら追体験しています。それこそが、受容・共感の本質であり、本当の意味で「すごい傾聴」になるのです。

まとめ 相手を「受容」するとは、相手がポジティブに上書きをする前のネガティブな「感情」をしっかりと肯定することです。

Point 11

▼「気づき」のきっかけ

スべる傾聴

「曖昧言葉」をスルーする

すごい傾聴

「どういうこと？」と聴く

Z世代ねぇ。
熱中さんが言う
Z世代って
どういう
意味です？
モグ
モグ

滑川課長は「Z世代」という曖昧言葉の意味を確認せずに話を進めていましたが、須豪山課長は「どういう意味ですか？」と確認しました。

「すごい傾聴」は、**話し手が話題の「回避」や「転換」のために無意識に使う「曖昧言葉」を、見逃したりスルーしません。**「どういうこと？」と突っ込むのです。例えば、「……まぁ、彼はいつもあんな感じですから……」と曖昧言葉で言われたとしたら……、その言葉を曖昧なままでスルーせず、すかさず突っ込みを入れるのです。

「あんな感じって、どんな感じ？」

「いつもこちらの質問に答えてくれないんです……」

これで曖昧言葉が少しはっきりしました。「あんな感じ」とは、「こちらの質問に答えない」ということであることがわかったのです。

しかし、これで満足してはいけません。

この回答にはまだまだ「曖昧」が存在します。そこで妥協せずに質問を続けます。

「彼はこちらの質問へ答えずに、何をするの？」

「質問とは関係がない、自分が言いたいことを主張するのです。それは私の質問の答えには全然なっていないのに……」

また一つ明らかになりました。さらに質問します。

「それに対して、あなたは何と言うの？」

「……いつもあきらめて無言になります。どうせ話してもムダですから……」

これでようやく、おぼろげながら全体像が見えてきました。

「……まぁ、彼はいつもあんな感じですから」という曖昧言葉を紐解《ひもと》くと、二人が繰り返してきたパターンと、暗に存在する話し手の「本当の思い」が見えてくるのです。

僕は企業研修受講生に対して、「曖昧言葉」を明らかにする質問をせよと指導します。するると、多くの場合、皆さんは戸惑います。「根掘り葉掘り質問したら嫌がられるのではありませんか？　質問ではなく詰問になってしまうのではないでしょうか？」と。だけど、それは違います。なぜなら、「根掘り葉掘り」というのは、相手が答えたくないことを質問することだからです。

僕が提唱するのは「曖昧に」表現されたことを「明解に」表現し直すこと。つまり、相手の「本心」を探すサポートをするのです。例えば熱中主任が、「Z世代ですから」と言った意味を問う。それは「根掘り葉掘り聞く」こととは明らかに異なります。

「すごい傾聴」では、相手が無自覚、無意識のまま「曖昧に」して目を背けていることを「明らかに」していきます。すると、そこに気づきが起きる。

その気づきとは**「問題の原因」や「解決策」の気づきではありません。**本当の自分の気持ち。自分が本当はどうしたかったのか、どうしてほしかったのか。**自分の本心にきちんと目を向け、それを一切否定せず認め共感する**のです。

それこそが本当の意味での「自分を大切にする」ということ。すると、自己否定や禁止令が解け、ごく自然に自分のしたかった方向性が「降りて」くる。「すごい傾聴」のマンガでも、須豪山課長が「熱中さんが言うZ世代ってどういう意味ですか？」と聴いたところから徐々に、熱中主任は自分が軽井鴨さんに対してどんな「感情」を抱いていたのかに気づいていきました。

あのように、自分の「感情」に気づき、その「感情」を大切にするお手伝いをするのが傾聴です。そして、そのためには「曖昧言葉」をスルーせず、しっかりと確認していくことが欠かせないのです。

まとめ 「曖昧言葉」のベールの向こう側に、相手の「本音」は隠れています。だから、「曖昧言葉」をスルーせず、その「真意」を確認していくことが大切です。

Point 12

▼決めつけない

スベる傾聴

パターンに当てはめる

すごい傾聴

「一般化」せず、「個別化」する

滑川課長は「私もかつては大変でした」「Z世代はこう」などパターン分類に当てはめて、熱中主任の話を矮小化してしまっています。

最低限はできているけどプラスアルファがない。口先だけなんですね。
うーんネガティブなんですかね
モグモグ

「すごい傾聴」では、ぼかして曖昧にされた表現を、明晰《めいせき》にくっきりとさせることで、話し手に気づきをもたらします。

しかし、「スベる傾聴」は、表現されたことを逆に曖昧にぼかしてしまう。その**マイナスな聴き方の一つが「パターンに当てはめる」こと。**これを心理学の言葉では「一般化」と言います。例えば次のようなやりとりです。

話し手「今年で、営業の仕事も3年が過ぎ4年目になります。最近、ちょっとモチベーションが下がり気味なので、もうちょっとネジを巻き直したいな、と思っています」

聴き手「あぁ、それはマンネリだね。3年もやると慣れて飽きてくる。私もそうでしたよ」

このやりとりの「マンネリ」「慣れ」「飽き」がいわゆる一般化です。**本来は個別的な話し手の体験を、「パターン」や「慣用句」などにグルーピングしてしまう**のです。そして、**「その人独自の体験」ではなく、その他大勢と同じ「一般的な体験」と決めつけてしまう**のです。

滑川課長は、熱中主任の話に対して、「ネガティブなんですね」「私も同じ体験がある」「Z世代」などとグルーピング化してしまいましたが、これでは話し手の体験をリスペクトしているとは言えません。そして、個別的で独特な話し手の体験を曖昧にしてしまうのです。

では、先のやりとりを一般化せず個別化して傾聴するにはどうしたらいいのでしょうか？　それは「どのように？」と質問することです。

例えば、「モチベーションが下がり気味なのですね。どのように下がっているのでしょうか？」と聴いたら、「うーん。以前はお客さんの満足だけを考えていればよかったのですが、最近は後輩の育成も求められて……正直、そこにはあまりやりがいを感じられないのです……」と返ってくるかもしれません。これは明らかに「マンネリ」「慣れ」「飽き」ではありません。

あるいは、「営業の成績がそれなりに残せたので、上司から頼りにされるようになりました。しかし、本当は私はエンジニアになりたかったのです。でも人事から『まずは営業を体験することが近道』と説得され、それならば、と引き受けたのです。このままずっと営業を続けるのであれば、転職も視野に入れなければ……」という答えが返ってくるかもしれません。

どちらも明らかに「マンネリ」「慣れ」「飽き」ではありません。にもかかわらず、**聴き手が勝手に「一般化」して理解したつもりになっているようでは、相手と深いコミュニケ**

ーションなどとれるわけがないのです。

2011年、2万2000名以上もの方が亡くなった東日本大震災の数週間後、僕はがれき処理のボランティアで10日間ほど岩手県を訪れたことがあります。その時、隊長が僕たちに対して、このような注意喚起をしました。

「皆さん、もし被災者の方が『津波で父親を失いました』と話された時に、決して『わかるわかる』と言わないでください。『私も父親を癌で亡くしたのでわかります』(一般化)と言わないでほしい。津波で家族を亡くす体験と、病気で家族を失う体験は、まったく違う(個別化)のです。それだけは気をつけて下さい」

すべての体験は「独自」で「特別」です。その個別性を無視して、「わかるわかる!」と一般化して、理解したふりをするのは傾聴ではありません。相手の体験・経験には個別性があることを認識することこそが、相手をリスペクトすることであり、それが「すごい傾聴」へとつながっていくのです。

まとめ すべての人の「体験」には「個別性・独自性」があります。それを大前提に、丁寧に相手の「体験」を聴いていくことが大切です。

Point 13

▼無知の知

スベる傾聴

「わかるわかる！」と言う

すごい傾聴

「無知」の姿勢で聴く

滑川課長は、熱中主任の話を聴いて「私はわかっている」という態度をとっている一方、須豪山課長は「私にはわからない」という姿勢を貫いています。

熱中さんの
苦労はよーく
わかりますよ。
私もリーダーに
なりたての頃は
大変でした。
でも過ぎてしまえば
いい経験だったと
思えるように
なりますよ

傾聴の目的や効果として、多くの人に知られているのがラポールです。

もともとはフランス語が語源で、「調和した関係」という意味から、話し手と聴き手の間の「信頼関係」を築くことを表します。方法としては、相手のリズムに合わせる「ペーシング」や、オウム返しの「伝え返し」、そして相手との共通点を探し話題にする、ドン・バーンとドン・ネルソンによる「類似性の法則」などが広く知られています。

だからでしょうか、多くの人が話し手との共通点を作ろうとして、「わかるわかる！私も同じ経験をしたよ！」と伝えたがっているように思われます。しかし、それがパターンにはめる「一般化」となり、本来すべき「個別化」の逆になることは、すでにお伝えした通りです。ここでは、この「わかるわかる！」には二重、三重の意味で弊害があることをお伝えしたいと思います。

近年、カウンセリングの流派の一つである「ブリーフセラピー」において大切にされている考え方が、**〝Not Knowing〟（私は相手のことを何も知らない）という聴き手側の姿勢**です。まさに「わかるわかる！」と正反対ですね。

多くの上司は、滑川課長のように部下のことをよく知っていると勘違いしていますが、だからこそ、「そこが彼の欠点だよ」「彼は考え方がかたよっている」などと決めつけてしまうのです。

しかし、それは事実ではありません。あくまでも上司の側から見た印象であり意見にすぎないのです。そのような姿勢で傾聴しても話し手、聴き手ともに得ることはありません。滑川課長も **〝上から目線〟でアドバイスをしていますが、それこそが「スベる傾聴」の大きな原因となっています。** そうではなく、「上司は部下のことを何も知らない」という〝Ｎｏｔ Ｋｎｏｗｉｎｇ〟の姿勢で聴くことが大事なのです。


ジークムント・フロイトが基礎を築いた現代臨床心理学の黎明期においては、聴き手であるカウンセラーだけが教育を受けた専門家であり、相談をする話し手は知識のない素人として扱われました。そのため、話し手が話した内容を、カウンセラーが専門知識に基づいて解釈し、それを患者である話し手に教育するのが基本的なスタイルでした。

しかし、それでは治療的効果が低いことがわかってきました。そして現代のカウンセリングの基本は、古いスタイルの真逆となりました。

つまり、解決法は患者である話し手だけが知っている。ただ何らかの心の働きで、その「解決法」に気づくことが妨げられているだけ。そして、カウンセラーは何も患者のことをわかっていない。だから、カウンセラーは、患者が自分自身の力で自分の内側にある

「解決法」に到達できるよう、「少しだけ側面援助をする」という姿勢が効果的であると知られてきたのです。

上司と部下の関係もこれと同じです。

上司が知っているのは「かつて」「自分がやって」うまくいった方法だけです。それと同じ方法を「今」「部下がやって」うまくいくとは限らない。

それに、上司と部下では「性格」も「生まれ」も「育ち」も「能力」も「対人関係の築き方」もすべて異なります。だからこそ、須豪山課長がそうであるように、**部下にとってのベストな方法を「私は何も知らない」という「無知の姿勢」でいていただきたい**のです。

そして、部下にとってうまくいく方法を、部下と一緒に探して、部下と一緒にオーダーメイドで作り上げていくのです。上司は部下のことを何一つ知らないのですから。

まとめ 上司が部下に「解決策」を示すことはできません。そうではなく、「私は部下のことを何も知らない」という姿勢を貫きながら、部下と一緒に考えることこそが「傾聴」なのです。

Point 14

▼「質問」のタイミング

スべる傾聴

序盤に「質問」する

←

すごい傾聴

5分間は「質問」しない

滑川課長は、会話の序盤で「なぜやる気がないのか？」と質問して、話の方向を誘導したため、、熱中主任は話したいことが話せません。

先ほど熱中さんは、軽井鴨さんのやる気がない、と言いましたよね。
彼はなぜやる気がないのでしょうか？
モグモグ

例えば、話し手がこう話したとします。

「この前、久しぶりに映画に行ったんですよ！」

あなたなら、どのように答えますか？　「へぇ、何の映画？」「いつ頃？」「どこの映画館？」「誰と行ったの？」といったところではないでしょうか。このように「5W1H」（いつ、どこで、誰が、何を、なぜ、どのように）を聴くのが、基本といえば基本でしょう。

傾聴を学びたての初級者も、**「開いた質問（オープンクエスチョン）で会話を広げよ」と学びますから、その教えに忠実に「5W1H」を聴いていきます。しかし、実は、これが失敗のもと。**滑川課長も話の序盤で、すぐに「彼はなぜやる気がないのでしょうか？」と「WHY」の質問をしましたが、だからこそスベッてしまったのです。

「すごい傾聴」では、話の序盤5分ほどはあえて質問せず、「述語的会話」で先を促します。「この前、久しぶりに映画に行ったんですよ！」と言われたら、「ほぉ、映画ね。うん、うん。それでそれで？」とか、「ほぉ、映画ね。うん、うん。続けて下さい」とか、「ほぉ、映画ね。うん、うん。詳しく教えてくれますか？」という感じで受け答えをするのです。

つまり、質問することによって会話の行き先を限定するのではなく、全方位でどんな話題でも話せるように先を促すのです。使われる言葉は三つ。**「それで？」「続けて下さい」**

「詳しく教えて下さい」。これだけです。具体的に見てみましょう。

●「5W1H」の開いた質問を使う場合

話し手「この前、久しぶりに映画に行ったんですよ！」
聴き手「へぇ、何の映画？」
話し手「あ、えーと。スター・ウォーズなんですけど……」
聴き手「あれ、おもしろいよね！　僕も観たよ。うちにDVDも全部揃えてあるよ」
話し手「あぁ、そうなんですね。すごいなぁ」（話したいことが話せずにしょんぼり）

●「述語的会話」を使う場合

話し手「この前、久しぶりに映画に行ったんですよ！」
聴き手「ほぉ、映画ね。うん、うん。それで、それで？」
話し手「家から電車で行ったんですね。そしたら電車の中でバッタリ20年ぶりくらいに高校の友だちに会ったんです。『どこ行くの？』って訊いたら映画っていうんですよ。しかも、僕と同じ映画で同じ映画館！　こんなことあるんですねぇ。それで一緒に映画観て、その後二人で飲みに行ったんです。いやぁ楽しかったなぁ」

このように、**話の序盤で「開いた質問」をすると話の行き先を限定してしまいます**。だからこそ、プロは序盤ではなるべく質問をせず、全方位で話せるように「述語的会話」を使います。質問をするのは序盤の5分を過ぎて話の行き先が確定してから。「開いた質問」はその後で使います。須豪山課長も、最初のうちは「述語的会話」を用いて、その後「開いた質問」を聴いています。これが「すごい傾聴」を実現する重要なポイントなのです。

もちろん、「すごい傾聴」において「質問」は重要な要素です。

しかし「質問」は万能ではありません。むしろ、使い方を誤ると、質問は「傾聴」の邪魔をすることさえあるのです。そのようなことを避けるためには、最初の5分間は「それで？」「続けてください」「詳しく教えてください」という三つのフレーズで「述語的会話」を使うとよいでしょう。

まとめ　最初に「開いた質問」をすると、相手が話したい話ができなくなってしまいます。

Point 15

▼「レポート」と「エピソード」

スベる傾聴

「要約」を聴く

↓

すごい傾聴

3秒から3分の「瞬間」を切り取る

須豪山課長は、熱中主任にとって重要な「一瞬の映像＝エピソード」を具体的に思い描けるように「質問」を重ねています。

では熱中さんが
「もどかしい！」
「じれったい！」
「なんで
伝わらないんだ！」と
もっとも強く思った
できごとや場面があれば
教えてもらえますか？

同じ場面を描写した二つを比較してみましょう。

一つは概要を要約した記述（レポート）。一方はハイライト（3秒から3分の瞬間）を映像化した描写（エピソード）です。

●概要を要約したレポート

聴き手「がっかりしたんですね。なぜですか？」

話し手「会社が社員を大切にしていない（レポート）ので、がっかりしたんです」

聴き手「そうだったんですね……」

●ハイライトの短い場面を映像化したエピソード

聴き手「がっかりしたんですね。最もがっかりしたのは誰のどの一言でしょうか？」

話し手「先週月曜のチームミーティングで、課長がこう言ったんです。『おまえの替えはいくらでもいるんだぞ』（エピソード）と。もうついていけません……」

聴き手「それはショックですね……。聴いていて私まで悲しくなってきました」

「要約（レポート）」を聴いても解像度が低くぼんやりしています。話し手の「がっかりした気持ち」がまったく伝わってきません。そして、滑川課長は、熱中主任の「要約（レポート）」しか聴けていません。だから、スベッてしまうのです。

一方で、須豪山課長は、「それって先週の初めのころ？」「午前中？　午後？」「軽井鴨さんは何という言葉で話しかけたの？」などと質問を重ねて、熱中主任が軽井鴨さんに対して「もどかしい」と思った瞬間を映像化していきました。

このように**「瞬間の映像的描写（エピソード）」を聴くと、解像度高くクッキリと場面が浮かびます。**先ほどのケースでいえば、「替えはいくらでもいるんだぞ」という言葉の生々しさが伝わり、話し手はその時の感情をまざまざと思い出し、聴き手もそれを追体験することができます。つまり、「本物の共感」をすることができるのです。

レポートは「要約」ですから「左脳（思考）」が働きます。

エピソードは「一瞬の映像」ですから「右脳（感情）」が働きます。

そして、この二つは同時に働くことはできません。左脳を使っている時に右脳は止まります。その逆も同じこと。「すごい傾聴」は、相手の「本当の気持ち＝感情」を聴くことですから、そのためには話し手の右脳を働かせ、左脳を止めることが大切です。

そのためには、「なぜ？」と聴いてはいけません。なぜなら、**聴き手が「なぜ？」と尋**

ねると、話し手は「左脳（思考）」で原因分析を始め、「右脳（感情）」が止まり、急速に感情が冷めていってしまうからです。

ですから、聴き手は「なぜ？」と問うのではなく、まずは「最も」という言葉で一瞬（3秒から3分の短い瞬間）を切り取った上で、「誰のどの一言ですか？」などと具体的映像が浮かぶような質問をするべきなのです。

この他に、映像を浮かばせるためには次のような質問も有効でしょう。

「最も◯◯（感情）を感じたのはいつどこでしたか？」

「最も◯◯を感じた場面やエピソードを教えて下さい」

その際には、質問は常に「過去形（感じた）」を使うよう注意して下さい。「現在形（感じる）」で質問するとレポートが返ってきて一気に感情が冷めてしまいます。滑川課長は「なぜやる気がないのでしょうか？」と質問し、「左脳的なレポート」を誘発してスベっていましたが、そのメカニズムがご理解いただけたのではないでしょうか？

まとめ　「なぜ？」と聴くと「左脳」にスイッチが入り、「感情」が引っ込んでしまいます。

Point 16

▼「エピソード」を引き出す質問

スベる傾聴

「抽象的」な質問をする

⬅

すごい傾聴

「例えば…」で例示する

須豪山課長の問いかけによって、熱中主任は「そうそう、こんなことがありました」と具体的なエピソードを思い出しました。

「すごい傾聴」は、相手の「本当の気持ち＝感情」を聴きます。

そのためには、左脳を刺激する「レポート（要約）」を長々と話させないようにすることが大切。最初に「レポート」が出てくるのは仕方がありませんが、早めに（5分以内に）「エピソード」に切り替えます。

その際に「なぜですか？」と質問するのではなく、**「最も○○（感情）を感じたのは誰のどの一言ですか？（いつですか？　どこですか？）」**、もしくは「最も強く○○を感じたエピソードや場面を教えて下さい」と質問することが大切です。

これを知らずに、**「なぜやる気がない？」などといった抽象的な質問に終始したからこそ、滑川課長の傾聴はスベッてしまった**わけです。

ただし、聴き手が「エピソード」で質問しても、話し手が「レポート」で返してしまうことはよくあります。

なぜならば、私たちの日常会話のほとんどが「レポート」、つまり「概要の要約」だからです。ビジネスで使われる書類のほとんどが「レポート」です。「月間業績報告」「週間活動報告」など、すべて概要を要約した〝左脳のかたまり〟です。

一方、「エピソード（3秒から3分の瞬間）」を映像化した文章には、企業でお目にかかったことがありません。ですから、話し手もすっかり「レポート」に慣れきっているため、そう簡単に「エピソード」を話してくれるわけがないのです。

そんな時はあきらめず、辛抱強くもう一度、角度を変えながら「エピソード」の質問をすることが重要です。「いつですか？」でダメならば、「誰のどの一言ですか？」に切り替える。もしくは、「エピソードや場面を教えて下さい。それはいつのことですか？」などと質問してもいいでしょう。

それでも「エピソード」が出てこないことがあります。

「いつって言われても。いつもです」とか、「覚えていません。たくさんありすぎて」とか、「思い出せません」とか……。そこで聴き手があきらめてはいけません。**相手の「本当の気持ち＝感情」を聴き出すためには「エピソード」が必須です。そこでおすすめしたいのが、「例えば」とこちらから例示すること**です。

「例えば、チーム会でリーダーがメンバーを叱った場面に一番がっかりしたとか……」
「例えば、社内報を読んでいる時に社長の訓示を読んで一番がっかりしたとか……」
「例えば、課長同士でおしゃべりしているのを横で聴いていて、そのセリフに一番がっかりしたとか……」

このように聴き手が「想像力＝イマジネーション」を膨らませながら、ありそうな場面を複数例示するのです。僕の経験では、三～五つの例を出すと、それに誘発されて「あー、そういえば！」などと、「エピソード」を思い出してくれるケースが多いように思います。

この「例えば」は、エピソードを引き出す以外にも使えます。

1on1における話題設定で「どんなことでも自由に話して下さい」と言っても、部下が何も話してくれないことがよくありますよね？

そんなときは、「例えば取引先との間での悩みや逆にうまくいったこと」「例えばマラソンで完走しました！　という話」「例えばご両親が認知症で施設に入ってしまい気がかりだという家族の話」というふうに具体的に例示するのです。すると、「あ！　そういえば！」などと話し手の頭の中に「話題」が浮かぶものなのです。

抽象的な質問をするからスベる。「すごい傾聴」は例示するのです。

まとめ **相手から「エピソード」が出てこないときは、こちらから「例示」すると効果的。**

Point 17

▼「エピソード」の構成要素

スベる傾聴
「5W1H」だけ聴く

←

すごい傾聴
「セリフ」が重要

須豪山課長は、「何という言葉で話しかけてきたんですか?」「それに対して何と答えたんですか?」と、詳しく「セリフ」を聴いています。

えっと……
熱中さん、プロジェクトまとめるの、大変そうですね
だったかな
ほぉ。それに対して何と答えたんですか？

「すごい傾聴」で大切なのは「相手の気持ち＝感情」を聴くこと。

そのためには「レポート（要約）」ではなく「エピソード」を聴くことが重要です。

そして、「エピソード」を聴くためには、「いつ、どこで、誰が」などの事実を聴く必要があるわけですが、実は、これだけでは足りません。それ以上に大切なのは、**その「エピソード」の登場人物が、具体的にどんな「セリフ」を口にしたのかを明確にする**ことです。

「すごい傾聴」のマンガでも、須豪山課長は、何度も「セリフ」を聞き出していましたが、これこそが、「エピソード」の核心と言っても過言ではないのです。

ところが、この「セリフ」を聴いても、「レポート（要約）」が返ってくることが多いことに注意が必要です。例えばこんな感じです。

聴き手「その時なんて言ったのですか？」
話し手「もちろん反対しましたよ。言われた通りやったら、大変なことになりますから。でも上司は聴く耳を持ちませんでした」

この話し手の言葉はすべて「レポート（要約）」です。このような時は、辛抱強く「セリフ」に戻すように促します。

聴き手「何と言って反対したのですか?」

話し手「『おっしゃることはわかりますが、難しいと思います』って言ったのです」

聴き手「あぁ、『難しい』って言ったのですね。そしたら上司は?」

話し手「『難しいのは当たり前。それをやるのが仕事だろう』(エピソード)って言われました。まったく聴く耳を持っていないのです(レポート)」

このように、**「レポート」は解像度が低くぼんやりしているので、「エピソード」に戻していく必要があります。**特に、「セリフ」がわかれば、そのときの状況がきわめて解像度高くクッキリと再現されます。しかも、これを「話し言葉」で聴くと、「セリフ」のニュアンスまでもよく伝わってくるのです。

当初、話し手は「上司に反対した」と言っていましたが、実際には「難しいと思います」というソフトな言い方だったという事実が明確になりました。そして、あたかも上司が全く聴く耳を持たなかったかのような印象で語られていましたが、実際の「上司のセリフ」はそこまで強硬なものではなかったようです。

このように、「レポート」は解像度が低く、話し手の「主観」や「決めつけ」で誇張され、実態とは違う印象論が語られがちです。

それを「エピソード」に転換し、「セリフ」までしっかりと再現すると、「事実」が見えてきます。「エピソード」を聴くということは、「右脳」が働き「感情」が湧いてくるだけでなく、「印象論が事実に転換される」というメリットもあるのです。つまり、**話し手が「レポート」から離れて、「セリフ」を思い出すことによって、「自分の思い違い」に気づいたり、その時に感じていた「本当の感情」に気づいたりする可能性が高まる**のです。

ただ、このように「セリフ」を聴き出すのを怖がる人が多いのが実情です。「根掘り葉掘り質問したら嫌がられてしまう」「パワハラ、セクハラと言われる」と恐れる方が多いのです。しかし、その心配は無用です。「根掘り葉掘り」というのは相手が話したくないことを聴くことです。しかし、「すごい傾聴」は相手が話したいことを明らかにするだけですから、嫌がられることはまずありません。それでも心配ならば、「無理のない範囲でね」「話したくないことは話さなくていいですよ」と付け加えればいいでしょう。

まとめ **「セリフ」を正確に再現することによって、「感情」が動き出します。**

Point 18

▼「じんわり」と感じ入る

スベる傾聴

「同感」しようとする

すごい傾聴

「あなたはそうなのね」と共感する

滑川課長は、熱中主任の話に「同感」できないから、すぐに「説教」を始めてしまっています。これでは、傾聴は成立しません。

うーん。Z世代だからじゃないですか？若い子はみんなそうです
モグモグ
それを言っちゃあ、おしまいです。Z世代をうまく使いこなしている会社はある

傾聴では、一般的に「共感」が重視されます。

しかし、どうも「共感」というものが正しく理解されていないように感じています。というのは、企業研修などの受講生からこんな質問を受けることが多いからです。

「相手の話にまったく共感できないときは、共感をしなくてもいいのでしょうか。部下が不平不満を言っているのですが私は賛同できません。だから共感もできないのです」

「共感」もしくは「共感的理解」について、臨床心理学の世界ではたくさんの考察がありますが、おしなべて言えるのは、**共感とは「相手の気持ちを相手と同じかそれ以上に深く理解し感じること」であり、決して「相手と同じ結論に至る＝同感」である必要はない**ということです。

つまり、多くの方は「共感」と「同感」を混同していると思うのです。

「すごい傾聴」においてもまた「共感」は大切ですが、それは「同感」することではありません。聴き手が話し手に合わせて意見を変更する必要はないのです。**同感とは「私もそう思います」ということであり、共感とは「あなたはそう思うのね」ということ**です。もっと言うならば、共感とは「あなたはそう思うのね。ちなみに私は違う意見なんですけど」というもの。共感とは話し手の感じ方や考え方を理解し、「そうだったのか」と感じ入ることなのです。

その際に、可能な限り持っていてほしい姿勢は、「理解する」よりは「感じること」。「感じること」以上に「感じ入ること」。つまり、**思考での理解だけでなく、聴き手の内面で「じーん」と、もしくは「じんわり」と心が動くことが大切**です。

そのためには、【第2章 Ｐｏｉｎｔ❹】で述べた「相手になりきる」姿勢も重要です。「そうか。部下の不平不満は理解しがたいけれど、彼がそれほどやりきれない思いを抱えていたのかと思うと、彼なりに努力してきたと思えるな」と、少しだけでもいいので「じんわり」感じ入ってほしいのです。

冒頭の質問は、おそらくは無理矢理「同感」しようとして、困難を感じたのだと思われます。管理職の立場として、部下の不平不満に同意してしまうと、それを助長することになるし、自分に嘘をつくことにもなる。かといって、バカ正直に否定すると傾聴にならない。そこで、「うーん……」と考え込んでしまったのでしょう。

しかし、「同感」する必要はなく、「あなたはそう思うのね」と「共感」さえできればいいとわかれば、みなさんも「それならばできるかも……」と思うのではないでしょうか？**「共感」と「同感」を混同するのをやめるだけで、大きく「すごい傾聴」へと近づくことができる**のです。

「スベる傾聴」のマンガの中で、滑川課長は、熱中主任の「Z世代だからやる気がない」という意見に「同感」することができず、いきなり「それを言っちゃおしまい」などと説教を始めてしまいました。「同感」はできなくても、「共感」することはできることを知っていれば、こうはならなかったのではないでしょうか？

一方で須豪山課長は「なるほど。あなたはそう思っているんだね。そうかぁ」と同感しないままで熱中主任のことをわかろうとしています。

「すごい傾聴」に「同感」は不要です。

「共感」と「同感」を混同なさらぬよう、くれぐれもご注意下さい。

まとめ 傾聴に「同感」は不要です。相手に「なりきる」ことで、じんわりと「あなたはそう思うのね」と「感じ入る＝共感する」ことが大切なのです。

Point 19

▼「人間」に関心をもつ

スベる傾聴

「話の内容」に関心を持つ

↓

すごい傾聴

「相手の人柄」に関心を持つ

がっかり、
ということは、
期待があった。
積極的に
食らいついて
くれるという
期待も
ありましたか?

須豪山課長は、熱中主任の「話の内容」だけではなく、その「人柄」に関心を向けています。だから、傾聴が成立するのです。

僕は企業の管理職研修に登壇する際、共感する上で大切な姿勢として**「相手の話に興味関心を持つ」ことの重要性**をお伝えしています。

すると、多くの方から同じような質問が寄せられます。それは、一言で言えば「部下の話の内容にまったく興味が持てない。苦痛だ」というものです。例えば、以下のような質問を過去に受けたことがあります。

「1on1で部下の趣味の話を聴いていたのですが、アニメの話を延々と聴かされました。私はアニメに興味がないので苦痛でした。部下の話に興味を持つことの重要性はわかるのですが、このような場合、どうやったらアニメに興味関心を持てるのでしょうか」

この「アニメ」を「ジェット機」「トライアスロン」「アイドル歌手」「考古学」などに置きかえることが可能です。

なるほど、確かに僕自身もそれらに関しては興味がありません。しかし、その話に対して、強い興味関心を持って聴くことはできると思います。さて、どうすればそれが可能になるのでしょうか？

答えは簡単。**話の内容すなわち「アニメ」に興味関心を持とうとするのではなく、目の前にいる「アニメ好きな部下」の人柄に興味関心を持つ**のです。

「彼はいつから、どのようなことがきっかけで、アニメが好きになったのだろうか？」
「彼にとって、好きなアニメと嫌いなアニメの境目は何だろうか？」
「彼が実写版のドラマや映画に興味がないのは、なぜだろうか？」
などなど。それをそのまま質問にしてもいいし、質問をしなくてもそのような問いを心の中に抱きながら話を聴くだけで、相手の話が興味深く聴こえてくるに違いありません。

聞き手「アニメが好きになったきっかけは何ですか？」

話し手「私が初めてアニメに興味を持ったのは、スタジオジブリ制作の『となりのトトロ』です。あの映画に出てくる父親のイメージが、10年前に亡くなった私の父親にかぶって懐かしく思えるのです。子どもの頃に、父の実家の田舎で遊んだ風景に似ているようで。それからジブリの映画はすべて見るようになり、その後、自然と他のアニメにも関心を持つようになりました」

聞き手「なるほど……確かに『となりのトトロ』を見てると懐かしい感じがしますね」

話し手「ええ。アニメのよいところは、現実世界の嫌なところを見ずに済むことです。実際の日々の生活や仕事ではさまざまなことがあって、それに対処しなければなりません。しかし、アニメを見ていると別世界にいるようで、心が洗われるような気がして……」

どうです？

この話し手の人柄、人格、パーソナリティーがその語り口から見えてこないでしょうか。アニメに興味関心を持てなかったとしても。語り手の人柄に関心を持つことはできるはずです。

巻頭のマンガをもう一度読んでみてください。須豪山課長は、熱中主任の「話す内容」にも関心を持っていますが、それ以上に、熱中主任が「どのように」して、そう考えたり、感じたりしたのかに興味関心を寄せています。それによって、自然と「すごい傾聴」ができているのです。

一方、**滑川課長は、熱中主任に「助言」することに意識が向いていて、熱中主任という人物そのものへの興味関心をもててない**ように見えます。だから、スベッてしまうのです。

まとめ 相手の「話す内容」に共感できなかったとしても、その「話」をする相手の「人柄」に共感することはできます。

Point 20

▼「助言」はありか、なしか

スベる傾聴

助言メイン、傾聴サブ

すごい傾聴

助言不要、傾聴がすべて

軽井鴨さんのようなポジティブさが足りないメンバーへは、まずは熱中さんがポジティブの見本を示し続けることが大切ですね。そして、ことあるごとに軽井鴨さんに『ポジティブにチャレンジしよう!』と励まし続けることも大事です
えっ

滑川課長は、「助言」「指導」の準備運動として、「傾聴しているフリ」をしているだけです。これでは、スベるのも当然のことでしょう。

企業研修で「傾聴トレーニング」をしていると、必ずと言っていいほど寄せられる質問が「助言をしてもいいのでしょうか」というもの。いかに多くの管理職が「助言＝ティーチング」信奉者であるかがよくわかるというものです。

そして、この**「助言＝ティーチング」こそが、「スベる傾聴」の大きな要因となっているのです**。どういうことか？　一緒に考えてみましょう。

ビジネスで活用できるコミュニケーションは三つあります。

一つ目は、ティーチング。部下に知識や技術を伝達することが主眼ですから、相手が困っていたら考えさせることをせずに、すぐに答えを教えます。質問があれば、素早く答えます。効率よく「知識」と「技術」を伝達するのがティーチングなのです。

二つ目はコーチング。傾聴を「土台」にした上で、相手の「視点」を変えるようなクリエイティブな質問で「目標設定」と「達成」を支援します。

そして、三つ目がカウンセリング。これは、傾聴が土台ではなく「すべて」です。**ただ傾聴するだけで、相手の「本質的な気づき」を支援する**のです（小倉広、『コーチングよりも大切なカウンセリングの技術』、日本経済新聞出版社、2021）。

カウンセリングにおける「気づき」とは、**目標達成のための「気づき」ではなく、人格**

的な「気づき」です。「本当の私はこんな風に感じていたのだな」「本当はこれがしたかった（したくなかった）のだな」「本当に大切にしていたのはこれだったのだな」という、自分でも気づいていない自分に気づき、それを認めることで全人格的な成長を促すことです。

また同時に、カウンセリングにおける傾聴の効果は「思考」「理性脳」を活性化させることでもあります。

僕たち人間は、**ネガティブな感情を強く持っていると、大脳辺縁系の扁桃体が過剰覚醒し、理性を司る大脳新皮質前頭前野の血流を阻害し活性度が低下**するようにできています。すなわち、「思考」や「理性」が動かなくなるのです。

そこで、傾聴により「否定的な感情」をゆるめることで、本来の「思考」が取り戻され、「理性脳」が動き出し、自力で解決できるようになることが期待できるわけです。つまり、傾聴は「自助支援」なのです。この働きを理解した上で、3種のコミュニケーションにおける傾聴の位置づけを比較すると、次のように整理することができます。

ティーチングにおいて、傾聴は「準備運動」のようなもの。最初だけ傾聴（のふり）をし、あくまでメインは「助言」「指示」となります。滑川課長がまさにこのスタイルです。

傾聴の「ふり」をした後で、説教がメインになってしまっています。

コーチングにおいて、傾聴は「土台」です。最初から最後まで通底する重低音のように傾聴をしながら、メインであるクリエイティブな質問を用いて「目標達成」のための支援をします。つまり、ここでもあくまでメインは傾聴ではなく質問なのです。

一方、カウンセリングにおいて傾聴は「準備運動」でも「土台」でもなく「すべて」です。傾聴をすることにより、本当の自分に気づき、理性脳の活動を促し、自助を支援する。須豪山課長のスタイルが、まさにこれにあたります。


さて、「助言をしてもいいのでしょうか」という質問に戻りましょう。

僕の答えはシンプルです。**「大丈夫です。ただし、求められた時だけです」。つまり、「助言がメイン、傾聴がサブ」ではないということ。傾聴こそが「すべて」なのです**。その前提を踏まえた上で、もしも相手に求められたら「助言」をするのがいいと思います。

まとめ **相手を「指導」するティーチングではなく、相手の「自助」をサポートするカウンセリング・マインドが大切です。**

▼根本的な「課題解決」をする

スべる傾聴

「モグラ叩き」をする

すごい傾聴

「信念価値観」に触れる

須豪山課長が「信念価値観」を尋ねたことから、熱中主任は自ら「自分の考えを押しつけていたのかな」という気づきに至りました。

「すごい傾聴」には技法面における二つのゴールがあります。

一つ目は、話し手の「感情」に共感すること。二つ目は、話し手の「信念価値観」に共感することです。

「信念価値観」とは、「〜すべきである」「〜してはならない」という深いレベルでの無意識の思い込みです。この「信念価値観」は、人類80億人全員が持っており、一人あたりの数は数百〜千にも及びます。

これらの思い込みは幼少期に両親や学校などですり込まれたこと、および自らが幼少期に体験した成功体験、失敗体験の際に無意識に決意したものです。

例えば、「人に迷惑をかけてはいけない」「目立ってはいけない」「目上の人の言うことを聞かなければならない」「相手に合わせなくてはいけない」などなど。これらの多くは、社会で生存していくための知恵であることが多く、必ずしも間違っているものではありません。

そのため、これらが「生きる知恵」として柔軟に活用されている分には問題はありませんが、それに頑《かたく》なに固執してしまうと自らの選択肢が狭まり、チャレンジや行動が阻害される可能性があるのです。

そして、「信念価値観」が柔軟に活用されるか、頑なに固執してしまうかを大きく左右するのが、「その信念価値観が意識化されているかどうか」というポイントです。

幼少期に無意識に心に刻まれ、大人になっても自覚化されていない「信念価値観」は、得てして融通の利かない凝り固まったものになりがちです。一方で、**自分にはこのような「信念価値観」があるのだなと意識化された時に、それがゆるみ、柔軟に活用することができるようになる**のです。

だからこそ、話し手により無自覚に語られるストーリーの中に「信念価値観」を見つけた聴き手は、それに焦点を当てて「○○という信念価値観があるように聞こえますが、いかがですか?」と確認するのです。

「すごい傾聴」では、**「感情」への共感だけでなく、無自覚に語られる深いレベルでの「信念価値観」にも共感します**。つまり、頑なに固執している場合であっても、それを「否定」するのではなく、「あなたはそうなのね」と受け容れるということです。すると、話し手に気づきが起こり、凝り固まったものがゆるむのです。これができれば、個別の問題へ「モグラ叩き」のように対応するのではなく、問題の根本を解消することができるようになるでしょう。

さらに、「深いレベル」で共感してもらえたことで、聴き手に対する「安心感」「信頼感」「心理的安全性」が芽生えます。つまり、深い「人間関係」が生まれるのです。

「できごとレベル」の「情報共有」や「雑談」を何百回繰り返そうと「人間関係」に大きな変化は起きませんが、たった一度、**わずか15～30分の短い時間でも「感情レベル」で共感してもらい、さらにその奥にある「信念価値観レベル」でも共感をしてもらうと、一瞬にして聴き手との間にケミカルで劇的な関係の変化が起きる**のです。

この「信念価値観」の共感に注力している会社の一つにグーグル社があります。

同社における、個人レベルの目標は「OKR（Objectives and Key Results）」と呼ばれるものであり、それは個人の「信念価値観」に基づきボトムアップで設定されるものです。そして部下の目標設定に必須な情報である、部下一人ひとりの「信念価値観」を上司が知る場が1on1です。つまり、「すごい傾聴」は皆さんが行っている1on1や各種面談、会議をアップデート、バージョンアップする力を持っているのです。

まとめ　たった一度、わずか15～30分の短い会話でも、「感情レベル」「信念価値観レベル」で共感することができると、「人間関係」に劇的な変化が生じます。

Point 22

▼聴き手の「過剰反応」を避ける

スベる傾聴

勝手に決めつける

⬅

すごい傾聴

自分の「投影」に気づく

滑川課長は、熱中主任の「真意」を確認することなく、何度も「決めつけ」「説教」をしています。これでは、傾聴は成立しません。

一度や二度
伝えただけでは
わからないんです。
それこそ、
何十回も
言い続けて
初めて伝わる
んです。リーダーは
情熱が必要
なんですよ

私たちは、自分の中にあるものしか、相手の中に見つけることができません。

例えば、**「いつもポジティブであらねばならない、ネガティブは悪いことだ」と思っている人は、相手のネガティブさに過剰反応し、ポジティブに導こうとしてしまいます。しかも、それが当然のことだと思っているので、自分がしている「誘導」に気づけません。**

これを、心理学用語で「投影」と言います。「投影」とは、自己の中にある否定的な要素を、他者の属性であると相手に投げつけることで、自分自身は安定するというフロイトが提唱した防衛機制の一つです。すべての人間がこれと無縁ではいられません。大事なのは、自分の中に（本当は）あるネガティブを認めること。素の自分でい続けること。それができていないと、ネガティブさを相手に投げつけて「あなたはネガティブだ。ポジティブにならなければならない」と過剰反応が起き、「スベる傾聴」になってしまうのです。

僕が登壇した傾聴に関する研修で、部下役の方が「どうもやる気が起きないのです……」と話しているにもかかわらず、上司役の方は「やる気が起きないけれど、前向きにやる気を出そうとしているのですね？」と決めつけていました。しかも、相手が一言も話していないことを、自分が無意識で伝え返したことに気づいてすらいなかったのです。

上司役の方が（本当は）自分の中にも（少しは）ある「やる気がない」という気持ちを認めたくないがゆえに、相手を無理やり「やる気を出そうとしている」と誘導したのです。

これこそ、まさに「投影」です。人は自分の中にある「信念価値観」を相手の中に見つけると、そこに過剰に反応しスポットライトを当ててクローズアップします。そして、自分の中にある「感情」や「想い」を、相手も持っているものと決めつけて話を進めてしまいがちです。そして、自分の中にそのような「信念価値観」があることに気づいていないからこそ、そうなってしまうのです。

このように、人は無自覚な「信念価値観」には過剰に反応し固執しがちですが、自分にはそのような「信念価値観がある」「自分は信念価値観に背く要素を持っている」と自覚できていると、そこから適切な距離を取ることが可能になり、反応が穏やかになります。そうすれば、話し手の「信念価値観」を勝手に決めつけたり、誘導しようとしたりせずに済むようになるのです。

これは、「感情」についても同じです。管理職研修で傾聴の練習を繰り返していると、聴き手役の人が普段から繰り返し使っている「感情」を話し手に押しつけてしまう場面に出くわします。例えば、こんな感じです。

話し手「お客さんが間違った操作をしてしまったので、『不安』になりました」
聴き手「お客さんが間違った操作をしたから、『イラッと怒り』を感じたのですね」

話し手は「不安になった」と言っているのに、聴き手は「イラッと怒りを感じた」と無意識にすり替えてしまっているのです。このことから、この聴き手が、普段から「怒り」という感情を繰り返し使っていることが容易に想像できるわけです。

このような「投影」は誰にでも起こりえることです。ですから、僕たちカウンセラーはそれを自覚するために、自らカウンセリングを100時間以上受けることを求められています。それができていないカウンセラーは、先ほどのような失敗をしてしまうからです。

滑川課長がまさにそうです。彼は熱中主任に対して、「まず熱中さんがポジティブの見本を示し続けることが大切」などと説教していますが、おそらく彼の中には「ネガティブは悪いこと。ポジティブがよいこと」という信念価値観があるのでしょう。だから、それを無意識に押しつけてしまっていると思うのです。

そのような失敗を避けるためには、**自分がたくさん傾聴をしてもらうことで、自分が固執しがちなことに自覚的になることが大切**なのです。

まとめ **自分の「投影」と「過剰反応」に気づくために、たくさん傾聴してもらうことが大切です。**

POINT 23

▼相手と正しく向き合う

スベる傾聴
「治療モデル」で聴く

すごい傾聴
「成長モデル」で聴く

須豪山課長。
わかりました!
そうだったん
ですね

須豪山課長が「信念価値観」を尋ねたことから、熱中主任は自ら「自分の考えを押し付けていたのかな」という気づきに至りました。

傾聴の産みの親であるカール・ロジャーズは、シカゴの農家で生まれ育ちました。そして薄暗い納屋の壁の隙間から差す太陽の光の方へ向かって、積んであったジャガイモから青白い芽が伸びていることを見つけ、そこから大きな気づきを得ました。それが「実現（自己実現）傾向」と呼ばれる生物全般が持つ自己治癒の傾向です。

当時、ロジャーズは大学院で研究するとともに、治療にも関与していました。患者はまるでジャガイモの青白い芽のように弱々しく見えたでしょう。しかしその**弱々しい芽も、誰の指図を受けずとも太陽の光の方へと伸びている。そうか。私たち生物はすべて、自ら能力を発揮したいと願い、それを実現する力を持っているのだ。**そう気づいたのです。

赤ん坊は成長とともに誰から指図を受けずとも、何の報酬を得ることもないのに、勝手に寝返りを打ち、ハイハイをし、立ち上がり歩き出します。まるでジャガイモが太陽の光へ向けて芽を伸ばすかのように……。

そこに作用しているのは、歩く能力を持って生まれた赤ん坊がその能力を発揮しようとしている、すなわち「実現傾向」としか考えることができません（中田行重、『臨床現場におけるパーソン・センタード・セラピーの実務』、創元社、２０２２、Ｐ55）。

それは、大人になった僕たちも一緒です。

僕は30歳の会社員時代にうつ病になり、苦しい思いをしたことから、心理学を学び始めます。すると、そこで学んだことや体験したことを活かしたい、と強く思うようになりました。そして、公認心理師の資格を取得し、やがて心理カウンセラー、スクールカウンセラーとして活動をするようになりました。体験したこと、学んだことを活かしたい。僕も実現傾向を持っていたのです。

ロジャーズは、この「実現傾向」を育《はぐく》むためには、「邪魔をしないこと」と「適切な環境を用意すること」が大切だと考えました。

逆に、**「指示命令」をしたり、「正しい方向へと導こう」としたりしてはいけない。それよりも、ただただ相手の可能性を信じること。ジャガイモがジャガイモであるように、自分は自分であればいいのです。**

自己否定して、仮面をかぶって、防衛している人がいたら、そんな自分を自己肯定して、仮面を脱ぎ捨て、**防衛するのをやめて、「素の自分」でいられるように支援する。そのプロセスが傾聴なのです。**このような思想を、一般的に「成長モデル」と呼びます。そして、須豪山課長は、この「成長モデル」で傾聴を進めていることがわかります。

一方で滑川課長は、その逆である「治療モデル」で傾聴を進めています。

治療モデルとは相手の可能性を探るのではなく、逆に「問題」を探したり、「あら探し」をしたりして、それを取り除くことを目的とするモデルです。

その証拠に、滑川課長は熱中主任から「軽井鴨くんのやる気がない」と聞くや否や、すぐに「なぜ?」と原因分析をし、その原因を取り除こうとしました。これこそが、あたかも病巣を探し、手術で取り除くという「治療モデル」そのものの発想です。

カール・ロジャーズが開祖である傾聴は、「治療モデル」であってはなりません。ジャガイモが太陽に向かって芽を伸ばす力を信じる「成長モデル」で相手と向き合うからこそ、「すごい傾聴」ができるようになるのです。

まとめ 人間は誰もが、「素の自分」を肯定することができれば、自然と「人間的成長」を始めます。そのようなスタンスで相手と向き合うことが最も大切なのです。

「すごい傾聴」の四つのステップ

「すごい傾聴」は、ビジネスパーソンや一般の方々が、15〜30分ほどの「対話」によって、相手との深い「人間関係」を築くことができるように、僕が設計した独自の「コミュニケーション技法」です（詳しくは第1章と第4章をご参照ください）。

そのゴールは、**相手の「感情」と「信念価値観」に共感すること。そして、そのプロセスを通して、相手が自らなんらかの「気づき」を得ること**です。ただし、当たり前のことですが、いきなり「あなたは、こんな感情をもっていますか？」と尋ねたり、「あなたは、こんな信念価値観をもっていますか？」と尋ねたりしても、相手は「？？？」としか反応してくれません。

そこで僕は、次ページに掲げた四つのステップに沿って、「傾聴」を進めていくことをおすすめしています。巻頭のマンガ「すごい傾聴」の須豪山課長も、概ねこの四つのステップに沿って「傾聴」を進めているのですが、そうすることによって、相手が自然と心を

「30分傾聴」の4ステップ

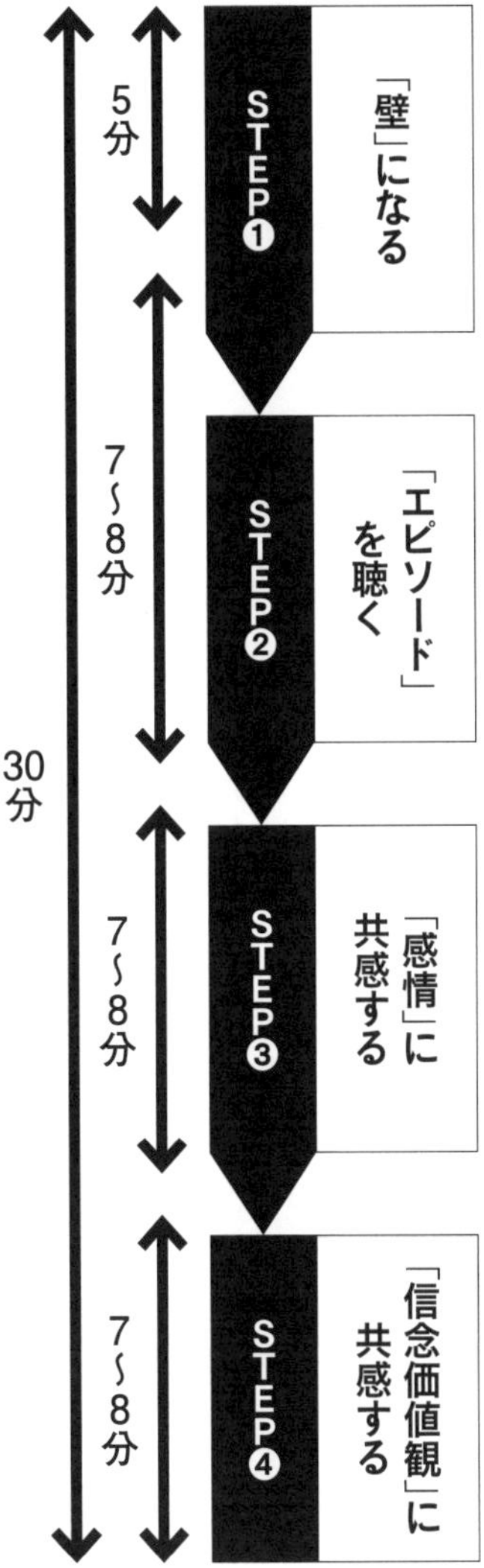

「傾聴」というと、「質問」をするという印象があるかもしれませんが、最初の5分間ほどは、こちらが聴きたい「質問」をするのではなく、「それから?」「どういうこと?」などと、相手が話したいことを話すように促すように努めます。いわば、相手が話しやすいように、会話の「壁打ち相手」に徹するのです。

【STEP1 「壁」になる】と【STEP3 「感情」に共感する】をつなぐ役割として重要な「エピソードを聴く」というステップです。3秒〜3分のワンシーンを「映像」としてまざまざと思い浮かべることができるように、解像度高く聴き出すことが大切。その「映像」を共有できれば、お互いの「感情」がいきいきと感じられるようになるでしょう。

相手にとって「最も重要なエピソード」を共有できたら、そのエピソードがもたらした「感情」を掘り下げていきます。聴き手が「決めつける」ことなく、いろいろな角度から「質問」を重ねることで、本人も気づいていなかった「感情」の存在に気づいたりします。そのとき、深いコミュニケーションが成立するのです。

「感情」に共感することができれば、それだけでも十分に「深いコミュニケーション」ですが、さらに、その「感情」を生み出した根源にある「信念価値観」までも共感することができたときに、「最も深いコミュニケーション」が成立したことになります。そして、相手は自らの力で「問題」を解決できるようになっているに違いありません。

開いてくれるようになり、心のうちに秘めていた「感情」や「信念価値観」が表出されるようになる可能性が高くなるのです。

ここで、ざっと四つのステップのポイントを説明しておきましょう。

【STEP①】「壁」になる

ここでは、まず、聴き手がリラックスすることが大切です。

そして、気負うことなく、「素のまま」の自分でいることによって、相手も「素のまま」でいられるようにします。須豪山課長も、特に〝**いい上司**〟**を演じるようなところもなく、自然体のままでいる**ように見えますが、あの姿勢が実は非常に重要なのです。

そのうえで、話し手に「話したい」「誰かに聴いてほしい」と思う話題を選んでもらいます。そこから傾聴はスタートするのですが、1on1における話題設定で「どんなことでも自由に話して下さい」と言っても、部下が何も話してくれないことってよくありますよね？

そんなときは、「例えば、取引先との間での悩みや逆にうまくいったこと」「例えばマラソンで完走しました！　という話」「例えば、ご両親が認知症で施設に入ってしまい気がかりだという家族の話」というふうに具体的に例示するといいでしょう。すると、「あ！　そういえば！」などと話し手の頭の中に「話題」が浮かぶものなのです。

そして、話題が決まったら、最初の5分程度は「壁打ち」の壁になります。傾聴というと「質問をする」というイメージがありますが、ここでは**あまり「質問」をせず、「それで？」「うんうん」などと言うことで、なるべく相手に自由に話してもらうように促す**のです。

例えば、熱中主任が軽井鴨さんについて、

「彼がなんていうか、やる気が感じられないっていうか、打っても響かない感じで……」

と言ったのを受けて、須豪山課長は、

「響かない感じ……なんですね……」

と受け止めるだけでした。

しかし、その言葉を聴いた熱中主任は、

「そうなんですよ。やっぱZ世代はよくわからないっす」

と話を一歩進めています。

あのような感じで「壁」になることで、相手が話したいことをどんどん引き出していくわけです。

そして、**話し手が進める話の中で「感情の尻尾」を探します。**

例えば、須豪山課長は、熱中主任が何気なく口にした

「そうそう！（軽井鴨さんは）熱さが足りないんですよ」

という言葉に、「感情の尻尾」を見つけました。

つまり、「熱さが足りない」と熱中主任が思考しているということは、その背後には「もっと熱く仕事をしてほしい！」という思いがあり、それが伝わらなくて「もどかしい」「じれったい」という感情が存在するのではないかと洞察したわけです。

このように、「感情の尻尾」とは、相手が語った「できごと」や「思考」を表現する言葉の中に存在する、「感情につながりそうな表現」のことです。

現代のビジネスパーソンは、あまり「感情」を直接的に表現するのが得意ではありませんから、この「感情の尻尾」をつかむことで、相手がうちに秘めている「感情」を見つけ

るスキルが重要になるのです。

そして、相手の感情が見えてきたら、相手にとって最も（Ｔｈｅ Ｍｏｓｔ）感情が動いた「エピソード」を尋ねます。須豪山課長も、「では熱中さんが、『もどかしい！』『じれったい！』『なんで伝わらないんだ！』と、もっとも強く思ったできごとや場面があれば教えてもらえますか？」と〝Ｔｈｅ Ｍｏｓｔ〟を尋ねていますが、あのように質問することで、いよいよ本格的な傾聴へと移っていくのです。

【STEP②】「エピソード」を聴く

ここでは、**「いつ、どこで、誰が、何を言ったか？」**をしっかりと聴いていきます。須豪山課長も、「それって、先週の初め頃？　それとも週末？」「午前中？　午後？　夕方？」などと、ハイテンポでどんどんと詳細を確認していきましたが、このプロセスが「すごい傾聴」には不可欠です。

というのは、**人間というものは、映像として想起できるようなエピソードに対して、強く感情が揺さぶられる**からです。それは、僕たちが、映画やドラマで感動することを思い浮かべれば、よくわかっていただけるかと思います。

だからこそ、須豪山課長は、熱中主任と軽井鴨さんが繰り広げたほんの数分のエピソードを、まるで脳内のスクリーンに映し出されるようになるまで詳しく聴いたのです。そして、そのエピソード（脳内映像）を、熱中主任と一緒に眺めることで、ふたりの間に「共感」が生まれていったというわけです。

【STEP③】「感情」に共感する

強く感情を揺さぶるエピソードを聞き出すことができたら、そこから相手が感じている「感情」を掘り下げていきます。

ここでも、繊細なプロセスをたどる必要があります。なぜなら、**一つのエピソードについて、最低でも五つの感情が存在すると言われている**からです。ところが、最初は、それらいくつかの感情がごちゃ混ぜになった状態ですから、一つずつ丁寧に「言語化」「明確化」していく必要があるのです。

須豪山課長も、さまざまな質問を重ねることで、「もどかしい」→「がっかり落胆」→

「期待」↓「悲しい」という流れで、熱中主任の感情を掘り下げていきました。そして、自分では意識していなかった「感情」が次々と明確になることによって、熱中主任の中で自然と「気づき」が深まっていったのです。

【STEP④】「信念価値観」に共感する

「感情」に共感することができるだけでも、相手との「関係性」は格段に深まりますが、さらにもう一歩進んで、相手の「信念価値観」にも共感することができれば、最も深いレベルでのコミュニケーションを実現したことになるでしょう。

ここで重要なのは、**「エピソード（できごと）×信念価値観＝感情」**という方程式を頭に入れておくことです。つまり、その人が特定の信念価値観をもっているからこそ、あるできごとに遭遇したときに、「悔しい」「がっかりした」「嬉しい」などといった感情が湧いてくるというメカニズムを理解しておくのです。

言い方を換えれば、ここまでの「傾聴」において、「エピソード（できごと）」と「感情」は特定できているわけですから、そこから逆算することで、その人がもっている「信念価値観」を推論できるということです。

須豪山課長も、熱中主任が軽井鴨さんに「プロジェクト・マネージャーになる社内試験を受けてみないか?」と持ちかけた(エピソード)のに、はぐらかされて「がっかり」(感情)したことから、「熱中さんは、『常に成長を目指して研鑽を積むべき』という信念価値観をお持ちでしょうか?」と質問。ここから、「信念価値観」を掘り下げていくことで、熱中主任に深い「気づき」がもたらされました。

＊＊＊

このように、「すごい傾聴」は四つのステップで構成されています。

そして、第3章では、これら四つのステップごとに、効果的な39個の「プロスキル」を紹介してまいります。

ここで紹介する「プロスキル」は、もちろん僕がゼロから生み出したものではありません。いくつかの由緒正しい心理療法で用いられる技法(スキル)をチョイスするとともに、僕が独自に開発したものをプラスして構成しています。僕自身が千回を超える「すごい傾聴」を用いた1on1で実践してきた「スキル」ばかりですから、その効果は実証済み。ぜひ、安心してご活用いただければと思います。

ただし、「傾聴」というものは、相手によって、状況によって、予想もしない展開をするものですから、**この四つのステップに形式的に固執する必要はありません。この基本形を念頭に置きながら、臨機応変にコミュニケーションを深めていけばいいでしょう。**

それに、必ず、「感情」や「信念価値観」に共感するところまで到達しなければならない、というわけではありません。相手にとって重要な「エピソード」を教えてもらえるだけでも、十分に「傾聴」と言えると思います。だから、あまり杓子定規にならず、置かれた状況に応じて、「使えるスキル」を使ってみるだけでもOKです。

さあ、では早速始めましょう！

響かない感じ……
……
なんですね……
ズズ〜〜〜〜ッ
そうなんですよ。やっぱ、Z世代はよくわからないっすわ
キラッ
モグモグ
Z世代ねぇ。熱中さんが言うZ世代ってどういう意味です?

STEP 1

「壁」になる
で使うプロスキル

「傾聴」というと、「質問」をするという印象があるかもしれませんが、最初の5分間ほどは、こちらが聴きたい「質問」をするのではなく、「それから?」「どうういうこと?」などと、相手が話したいことを話すように促します。いわば、相手が話しやすいように、会話の「壁打ち相手」に徹するのです。

STEP 1 「壁」になる

Skill 1

「座る位置」を確認する

「すごい傾聴」は、座る位置の確認から始まります。

「あなたはどこに座りますか？　私にどこへ座ってほしいですか？」

「私はここに座ろうと思いますが、あなたはどこに座りますか？」

などと確認するのです。

これは、相手がリラックスして話せる「位置」や「角度」「聴き手との距離」を探るという意味合いが第一ですが、それ以上に大切な意味があります。それは、**「相手の自己決定を尊重する」という姿勢を示す**ことです。

第1章と第2章で述べたように、本来の傾聴の目的は「聴き手が話し手のすべてをありのままに受容し、話し手が聴き手の態度を無意識のうちにコピーして、『自分で自分を傾聴できるようになる』こと。そして、それにより、話し手が自己否定をすることや防衛的な仮面をつけることをやめ、ありのままの自分で生きていけるようになり、本来の能力、活力、魅力を存分に発揮できるようになる」ことをお手伝いすることです。そして、その小さな第一歩が「自分で座る位置を決めてもらう」ことによって、「相手の自己決定を尊重する」という姿勢を明示することなのです。

このように、一見するとたいしたことではないように見える小さなことも含め、「すごい傾聴」は一貫した配慮を行います。

それは、どんなにマイナスに見えるようなことであっても、**どんなことでも、あらゆることを受容し、尊重する**ということです。その象徴的な行いが、傾聴の始まりである「座る位置の確認」なのです。

まとめ 「座る位置」を聴くことで、相手の「自己決定」を尊重する姿勢を伝える。

Skill 2

「温泉呼吸法」で心を静める

――「グランディング」と「マインドフルネス」

「座る位置」の確認ができたら、あわただしい日常から気持ちを切り替える「グランディング（地面に足をつけて落ち着く）」をしましょう。

基本は「呼吸」です。**「心が落ち着くか、ざわつくか」を決めるのは、脳幹からつながる不随意（自分でコントロールできない）な自律神経**です。血圧や心拍数を上げ、能動的に動くための「交感神経優位」なのか、静かに落ち着くための「副交感神経優位」なのかを決めるは不随意、すなわち自分の意思では決められません。それは、ほぼ反射的に脳幹と自律神経の反応で決まってしまうのです。

しかし、この**自律神経の切り替えに対して唯一コントロール可能なのが「呼吸」**です。浅い呼吸をしたり、息をすーっと吸い込んだりすると「交感神経優位」になります。逆に、ゆったりと深い呼吸で息を吐き切ると「副交感神経優位」になります。古来から、禅やヨガや瞑想、マインドフルネスなどがすべて呼吸のコントロールに頼っているのは、これが理由。「呼吸」を変えることで、体や意識を切り替えているのです。

「すごい傾聴」では、この呼吸法を使って「副交感神経優位」に調整してから傾聴を始めます。基本はロングブレスで息を吐くこと。横隔膜を大きく動かして、肺が空っぽになるまで息をゆったりと吐き切り、その後、鼻からスッと短く息を吸い、またゆったりと吐くことを繰り返すのです。

短時間で行うなら、温泉呼吸法が有効です。**箱根あたりの温泉に浸かっているイメージをしながら、大きな声を出して「ふぅー!」「はぁ〜〜!」と息を三度吐く。これで、ざわついた心が静まり、「すごい傾聴」を始める準備が整う**のです。

まとめ ゆったりと深い呼吸で息を吐き切って「副交感神経優位」にすることで、「すごい傾聴」の準備をします。

Skill 3

ゆったりと「心地よさ」を感じる

―「オリエンテーション」と「リソース」

気づきが起きるのは話し手が副交感神経優位で落ち着いている時。さらに思考優位ではなく感情や身体感覚優位でマインドフルな状況であれば、深い気づきが起きやすくなります。そこで呼吸を整えた後で、さらにオリエンテーションをすることをお勧めします。

オリエンテーションとは周囲をぐるりと見回して、視覚的、聴覚的、触覚的、嗅覚的（味覚的）にゆっくりと身体感覚を感じることです。

そして、その中でウエルビーイング（心地よい、幸せ）な対象を定めます。その対象、例えば窓の外の森の緑や、部屋に置いてあるぬいぐるみなどに視線を合わせ、時にはぬいぐるみなどを実際に手に取り抱きしめたり（触覚）しながら、**ゆったりと心が満たされることを感じる**のです。

このように、心がウエルビーイングで満たされるような対象をリソースと呼びます。

いちばんやりやすいのは、部屋全体を見渡すオリエンテーションによってリソースを見つけることですが、それが難しければ、**過去の記憶やイメージからリソースを見つけることも可能**です。

例えば、以前旅行で訪れたハワイの浜辺で青い空を眺めているイメージとか、森の中のキャンプでたき火に当たっているイメージとか、子どもの頃に飼っていた犬を抱きしめてぬくもりを感じているイメージとか、そうしたイメージもリソースになります。

そして、そのリソースにじっくりと浸るのです。できれば論理で解釈分析せずに、「内臓感覚」や「身体感覚」でゆったりと感じるのがコツです。そして、いよいよ「傾聴」に入るのです。

まとめ **交感神経優位ではなく副交感神経優位のリラックスした状況で傾聴を行うと気づきが深まります。心地よい幸せを感じるリソースに浸るのもいいでしょう。**

Skill 4

超具体的な「話題」を振る

傾聴は対話です。

会話ではありません。

では、会話と対話はどこが違うのでしょうか？

まず第一に、**会話は話題を選びません**。そして、次々と話題を変える雑談もその内に含まれます。一方で、**対話は一つの話題に絞ります。そして、その話題を深く深く掘っていくのです**。

そのため、傾聴を行う際には話題を絞ることが必要です。そして、どのような話題で対話を行うかを決めるのは、もちろん話し手です。聴き手が指示、提案してはいけません。

「すごい傾聴」を進める際には、聴き手から話し手に対して、「今日はどんな話をしますか？」と話題を決めるよう促します。もしそこで話し手が身を乗り出すようにして、「今日は◯◯の話をしたいと思っています」となればよし。何も問題はありません。

しかし、多くの場合そうはなりません。

「えーと……」と悩んだ末に「特にありません……」となってしまうことも多いのです。そんな時は「何でもいいよ」といくら言っても出てきません。なぜならば、その投げかけは抽象的で具体的なイメージが湧かないからです。

そんな時は、**具体的なボールを内角⇕外角、低め⇕高めなど満遍《まんべん》なく全方位に投げ込み、話し手にイメージを膨らませてもらう**のです。

ポイントは、超具体的であること。「健康診断の数値が悪くてお酒減らさなくちゃ」「マラソンで完走したんです！」「チームのAさんの仕事ぶりにどうしても納得できません」「お客さんからクレームをもらって落ち込んでいます」など。仕事⇕プライベート、いいこと⇕悪いこと、過去⇕未来などの全方位にバランスよく超具体的なボールを投げることで、話し手の「そういえば……」を促すのです。

まとめ 「何でもいいので話して下さい」では漠然としていて具体的イメージが湧きません。全方位満遍なく超具体的なボールを投げることで話題が見つかります。

Skill 5

「言葉」と「仕草」のズレに注目する

──「トラッキング」と「コンタクト」

トラッキングとは、「追跡・追尾」するという意味です。

具体的には、**傾聴の最中に語られた「言語」だけでなく、表情、首の角度、体の傾きや動き、瞬《まばた》き、視線、呼吸の深さや回数、全体の雰囲気など「非言語」にも注意を払う**ことです。そして言語と照合し、「ズレ」や「一致」があった時に、コンタクト（相手に接触する、伝える）をするのです。

例えば、「大丈夫、とおっしゃいましたが心配そうに見えます」（言語と非言語が不一致な場合）とか、「お子さんの話をした時に表情がパッと明るくなりましたね」（言語と非言語が一致している場合）など、トラッキングしたことをコンタクトで伝える。つまり二つはセットなのです。

もちろん、トラッキングしたことをすべてコンタクトするわけではありません。

しかし、**微細なトラッキングであっても、コンタクトすることで大きな気づきに展開することはよくあること**です。

例えば「そういえば子どもと過ごす時以外で笑うことがなくなっていることに気づきました」とか、「普段自分の表情について考えたこともありませんでした」といったことが十分に起こりえます。ですから「子どもの話をしている時の表情が楽しそう」などのように当たり前のことでも、それを捉えて伝えることはとても価値があることなのです。

ここで思い出してほしいのは、「『言葉』を聴くな、『追体験』せよ」という鉄則です。「追体験」とは、第三者として冷静に相手を分析するのではなく、話し手の頭の中（内的準拠枠）に入って手をつなぎ一緒に体験するイメージですから、そういうスタンスで相手と向き合ってほしいのです。

つまり、実験中の科学者のように「この人は、子どもの話をしている時に表情が楽しそうだな」と観察するのではなく、**相手が語る「子どものエピソード」をありありと思い浮かべながら、相手が「楽しんでいる気持ち」を自分も追体験する**ということ。そういう心の状態＝Beingだからこそ、相手は「え？　私はそんなに子どものことを愛しているのか！」といった気づきが生まれるのです。

そのうえで、コンタクトをします。

その基本はもちろん、話し手をトラッキングしたこと（言語、非言語、明示、非明示）を伝える「相手に対するコンタクト」です。この場合も、無表情で分析的な伝え方をするのではなく、トラッキングしたことの背景にある相手の気持ちを、あなた自身も味わいながら伝えるようにしてください。

例えば、相手が家族のことを話しているときに、無意識に手をあごに当てたことに気づき、「家族のことを心配しているのかな？」と思ったときには、自分も心配しているような気持ちになって、「いま、ご家族の話をされたときに、○○さんが手をあごに当てたことに気づきました」などと伝えるのです。

そして、2〜3秒ほど空白をとって、その言葉が相手と自分自身の中で響くのを体験します。すると相手が、「そうなんですよね……やはり家族のことが心配なのかな」などと気づくかもしれません。このように、相手に「なりきって」伝える（コンタクトする）ことが大切なのです。

また、このように相手に対してコンタクトするだけではなく、自分自身をトラッキングし、自分に対してコンタクトすることも同時に行わなければなりません。

それが、【第3章 Ｓｋｉｌｌ❻】でお伝えする「ユースオブセルフ（Use of self)」です。例えば、**「今、私はドキドキしているな。うまく傾聴できているか不安を感じているんだね」などと、自分について気づいたこと（トラッキング）を自分に伝え（コンタクト）、「そうなんだなぁ」と感じる**のです。そうすることで、穏やかな気持ちで傾聴を続けることができるはずです。

そして、時には、それを相手に伝えます。それが、【第3章 Ｓｋｉｌｌ㉗】でお伝えする「『今ここ』中心の自己開示」です。こちらの気持ちも伝えることで、より深いコミュニケーションになる可能性があります。

もちろん、「あえて伝えない」という選択もありです。その判断も頭（理性）で考えず、体の感覚を頼りにするとよいでしょう。例えば、「自己開示」をすることをイメージして、「なんか胸騒ぎがするな」などと感じたら、やめておくと判断するわけです。

まとめ 「すごい傾聴」はトラッキングとコンタクトを常に繰り返し、言語、非言語、左脳、右脳をフル稼働させながら進めていきます。

Skill 6

「私はこう感じました」と伝える
——ユースオブセルフ

先にお伝えした通り、「ユースオブセルフ（自分自身を使う）」は、本来は心理療法（臨床心理学）の概念ではなく、組織開発（組織心理学）の概念です。しかし、これを心理療法に端緒を持つ「傾聴」にもそのまま当てはめることが可能であると僕は考えます。

心理療法の流派は数百から千に及ぶと言われています。

その中でも比較的主流な考え方は、「聴き手は自分のことを伝えてはいけない」「聴き手は自己開示してはならない」というものです。しかし、近代的ないくつかの流派においてはむしろそれを使うべきと考えます。そして、「すごい傾聴」では後者を採用しているのです。具体的には、**聴き手に違和感があればそれを伝えてみる**。「あなたの言っていることに私は違和感を感じています。何か落ち着かないのです」。このように伝えることでさらに話の内容を深めるのです。

しかし、それがロジャーズが掲げた「中核三条件」から逸れてはいけません。

つまり、「ユースオブセルフ」をすることが、「受容」「共感」の逆になる「否定」「反論」になってはなりません。**「私はあなたの意見に反対です」「あなたは間違っている」というメッセージは「ユースオブセルフ」からの逸脱**になります。

そうではなく「受容」「共感」するための途中経過として、自分の感覚を使うのです。自分の感覚を使ってズレがないか確かめながら向かう方向としては「受容」「共感」である、と言い換えることもできるでしょう。聴き手は「受容」「共感」の前に「自己一致」（自己概念と現実が一致してありのまま）でなければならない。「ユースオブセルフ」は自己一致の一種であるとも言えるでしょう。

まとめ 組織開発の概念であるユースオブセルフは傾聴でも有用です。ロジャーズが掲げた中核三条件に反しない範囲で、率直にユースオブセルフをすることが自己一致にもつながります。

Skill 7

「感情表現」の見本を見せる

——「ミラーリング」と「情動調律」

「ミラーリング」とは、相手の仕草や表情などを鏡のように映し出し相手に返すことです。一般的には「ラポール（親密性）のために行う」とされています。しかし、それは主ではなく副次的効果ではないか。ミラーリングの主な役割は、情動調律ではないかと僕は思います。

情動調律とは、保育者が子どもの気持ちを察した上で共感し、笑顔とともに「嬉しかったんだね」と伝えたり、悲しそうな表情で「悲しかったんだね」と伝えることです。子どもは、体験を語るときに自分の感情が何という名前で、どのように表現するのかがよくわかっていません。そこで、保育者が代わりに言語、非言語で表現することで、子どもはそれを視覚的、聴覚的に感じ取り、「感情の存在」と「表現」を体験。そして、**情動調律により自分は感情を感じ、それを表現してもよいのだと学習する**のです。

これはロジャーズが提唱した傾聴の目的、機能そのものであり、中核三条件の一つである「自己一致」（自己概念と体験にズレがなくありのまま）とも重なります。

ミラーニューロンとは、霊長類など高等動物の脳内に存在する20世紀末に発見された神経細胞です。別名「ものまね細胞」とも呼ばれ、「他者の行動を見てあたかも自分も同じ行動を取っているかのように感じ、自分が行動している時と同じ活動電位を発生させる神経細胞」のことであり、「共感能力」を司っていると考えられています。ここから、以下のことが推測されます。

聴き手が話し手の表情や身振りなどを見ることで脳内のミラーニューロンが反応し、話し手と同じ感情をごく自然に体験する。すると、聴き手も話し手と同じ感情を感じ、それが表情などで表現され、その結果、ごく自然にミラーリングが発生する。それは、子どもに対する大人の情動調律と同じ働きとなる。

すると、**話し手も「私は今ここで、ありのままの感情を表現してもいいのだ」と自己受容し、さらに自分を表現するようになる**。それを繰り返すことにより、話し手は「自己一致（自己概念と実際の体験が一致している状態）」し、自分の能力、活力、魅力を隠すことなく存分に実現傾向を発揮し自己実現していく。このような一連の働きが、ミラーリングにより起きていると考えると、それが大変重要であることがよくわかると思います。

ここでのポイントは、ミラーリングを単なる「テクニック＝Ｄｏｉｎｇ」として捉えるのではなく、「体験＝Ｂｅ・ｉｎｇ」として捉えること。つまり**役割演技として〝いい人のふり〟をするのではなく、「素の自分」のままであり続ける中で自然に行う**ことです。それにより、ミラーリングが本来の効果を発揮するのだと僕は思うのです。

現代のビジネスパーソンは表情が乏しく、自分の感情に対して極めて無自覚です。それは、幼少期の子育てや学校教育、成人してからの企業内教育などで感情の表出を暗黙的に禁じられているからではないかと思います。

現代人は、「怒ってはいけない」「落ち込んではいけない」「喜んではいけない」という暗黙の圧力を感じているうちに、自分の感情に対して無自覚、不感症になっている。これは、心理学の防衛機制でいうところの否認、抑圧、歪曲であり、それが本来自分を守るために行うはずが、自己不一致をつくりだし、本来持っている成長や自己実現への実現傾向を妨げてしまっているのではないでしょうか。

ミラーリングはその過剰な「防衛機制」である感情の「否認」「抑圧」「歪曲」をやめ、

自分に「OK」を出していくことを支援する一連のはたらきです。そして、それは子どもだけではなく、現代の大人にとってこそ必要であると僕は考えています。ミラーリングは「すごい傾聴」の重要なスキルの一つなのです。

まとめ 相手の仕草や表情を鏡のように映し出し相手へ返すミラーリングは、情動調律の働きもすることで傾聴に大きなプラスをもたらします。ただし、DoingでなくBeingで捉えることが大切です。

Skill 8

「スタンプ的相づち」を増やす

企業研修講師として面談研修に登壇して強く感じるのが、「相づち」の重要性です。**「話が続かない、盛り上がらない」と嘆くビジネスマンのロールプレイを見ていると、「相づち」のバリエーションが極めて貧困**です。「はい……はい……ええ……はい……」。これでは会話が盛り上がっても仕方がないでしょう。

では、どうすれば活き活きと会話を活性化させる「相づち」を打てるようになるのでしょうか？　そのヒントはSNSにあると思います。

LINEやFacebook、X（旧Twitter）などは、投稿に対して気軽にスタンプを押せるようになっています。いいね！すごくいいね！悲しいね……ウケるね！むかつくね！など。これを思い出しながら、言葉でそのまま伝えればいいのです。

「……マジ？　それはビックリだね！……おー、いいですね！……ウケるね～！……いやぁそれはむかつくわ……うん、うん、それは大切ですね」など。ポイントは単にスタンプを言葉で表現するだけでなく、前後に「うん、うん」「マジ？」「いやぁ」「おー！」などの感嘆符を混ぜること。すると、自然に「相づち」を打つことができるようになるでしょう。

優れたカウンセラー、コーチは、質問を一切使わずに「相づち」だけで30分話をもたせることができるそうです。また、「相づち」は会話のガソリンであるとも言われています。見逃されがちな小さなスキルですが、その効果は抜群。「スタンプ的相づち」をぜひ使ってみてください。

まとめ　見逃されがちな小さなスキル「相づち」は傾聴において非常に重要です。SNSのスタンプをイメージして、さらにはその前後に感嘆符を混ぜることで効果的な「相づち」が打てます。

Skill 9

「曖昧言葉」の意味を確認する

――「意味の明確化」と「体験過程」

「意味の明確化」とは、話し手が暗黙的に語っている内容、もしくは意識的、無意識的に「曖昧言葉」で話している内容について、その意味を明らかにすることです。【STEP❶「壁」になる】の5分間は意図的に質問をしませんが、「意味の明確化」だけは別です。熱中主任が「Z世代」という曖昧言葉を使ったときに、須豪山課長が「熱中さんにとってのZ世代とはどういう意味ですか？」と質問したのを思い出してください。あれが「意味の明確化」なのです。

シカゴ大学におけるカール・ロジャーズの研究パートナーであり、「フォーカシング指向心理療法」の開発者でもあるユージン・ジェンドリンは、「体験過程」という理論に基づき心理療法を進めます。

通常僕たちは、「体験▼理解▼表現」の順でコミュニケーションをしていると思われています。つまり、僕たちが表現する言葉の意味は僕たちの中に「既にあり」、それが発露されるのが「表現」であるというわけです。しかし、ジェンドリンはそうではない、と考えました。それが体験過程、すなわち「体験▼表現▼理解」の順番です。

僕たちは考えがまとまっていない、つまり「理解」がまだ発生していない状態で「表現」つまり話し始めます。そして、話しているうちに「あー、そう、そう！　私が言いたかったのはそういうこと！」と「理解」を創造しているのです。そして話し続けるうちに「あ！　うん。ちょっと違ってた。やっぱりこういうことを言いたかったんだ！」と体験を何度も更新し気づきを深めていきます。「意味の明確化」はそれをお手伝いしているのです。単に**話し手の頭の中を整理しているのではなく、「理解」を創造するお手伝いをしている**のです。

まとめ　「すごい傾聴」では、相手が口にした「曖昧言葉」を見逃さず、「それはどういう意味ですか？」と確認します。そうすることで、相手の「気づき」が誘発されるのです。

Skill 10

「それで？」と話を促す
——述語的会話

【STEP❶「壁」になる】で重要なのは「質問をしない」ことです。

唯一、「曖昧言葉」を明らかにする「意味の明確化」だけはしますが（須豪山課長による「熱中さんにとってのZ世代とはどういう意味ですか？」）、それ以外の質問は極力ゼロに近づけるのです。

コーチングを習いたての新米が陥る弊害の一つに、「質問をしすぎてしまう」というものがあります。学んだ質問を使いたいがために、自分の興味関心から質問を多用してしまうのです。

例えば、話し手が「映画に行きました」と言うと、すぐに「何の映画？」「どこの映画館？」「誰と行ったの？」と質問してしまう。すると**話し手は、その質問に答えなくてはならなくなり、本当は自分が話したかった話を話せなくなってしまい「流れ」が止まるの**

です。

しかし、質問をせずに「相づち」だけで話を続けるのは簡単ではありません。そこで最初の5分間だけは、質問をする替わりに次を「促す」のです。それが「述語的会話」であり、具体的には次の三つの言葉を暗記して使うことが有効でしょう。

「それで、それで？」「続けて下さい」「もう少し詳しく教えて下さい」

話し手は、序盤の5分間は自分でも何を話したいかわからない、「曖昧な状態」で話し始めます。そして、「体験過程」に基づき、徐々に自分が言いたかったことの意味を発見し始めます。その段階での質問は邪魔でしかありません。**「述語的会話」で全方位自由に話せるよう、聴き手は広く構えておく必要がある**のです。

まとめ 傾聴の序盤5分間は「質問」は不要です。全方位自由に話せる「述語的会話」で、次を「促す」のです。使う言葉は、「それで、それで？」「続けて下さい」「もう少し詳しく教え下ださい」の三つです。

Skill 11

「こういう理解であってる？」と聴く

——理解の確認

傾聴を学ぶ時に、最初に習うのがオウム返しのような「伝え返し」です。

しかし、それをするだけでは〝壊れたレコード〟のような単調で意味のない繰り返しになってしまいます。そこに必要なのは、目的や質問の意味を理解していること。**機械的に「伝え返し」をするのではなく、「理解の確認（Testing Understanding）」をすることが重要**です。

「理解の確認」は、「あなたは○○なんでしょう？」「××なんですよね！」という押しつけや決めつけであってはなりません。あくまでも謙虚で純粋な確認であることが重要です。

この「理解の確認」を「テクニック＝Ｄｏｉｎｇ」として捉えるのではなく、ありのままの「素直な関心＝Ｂｅｉｎｇ」状態だと捉えることができれば、自然な言葉で質問できるでしょう。そして自然に、**「合っていますか？　間違っていたら修正してくださいね」**

という**「確認の言葉」**がつながって出てくることでしょう。

そして、それを語る際に言葉の「内容＝コンテンツ」だけではなく、「意図」や「行間に漂う想い」などの「背景＝コンテキスト」も含めてわかろうとして確認することが大切です。すると、ごく自然に「……（無言）」という迷いや言いよどみ、苦悶の表情が出てくるでしょう。機械的に「伝え返し」をするのではなく、「理解しよう」とすること。わかろうとするからこそ、自然にそのような表情と言葉が出てくるのです。

まとめ 機械的なテクニックとしての「伝え返し」ではなく、「理解の確認」という目的を理解することで傾聴が深まります。コンテンツだけでなくコンテキストも確認するとよいでしょう。

Skill 12

「レポート」を「エピソード」に転換する

話し手が話したい「話題」を見つけたうえで、「スタンプ的相づち」や「述語的会話」などを用いながら、相手の話に熱がこもってきたら、そろそろ【STEP❷「エピソード」を聴く】に移行することを考えなければなりません。

「エピソードを聴けばいいいんでしょ？　簡単じゃない？」と思われるかもしれませんが、実際にはこれが簡単ではありません。というのは、「エピソードを教えてください」とお願いしても、ほとんどの人は「レポート（抽象的な要約）」で語ろうとしがちだからです。

例えば、「息子が受験なのに勉強しないでゲームばかりしています」「チームのコミュニケーションが最近よくないんです」といった形で、単なる「抽象的な要約」（レポート）を報告するのです。**問題なのは、この「レポート」を語ることで、論理的「左脳」が活性化し、感情的「右脳」が冷めていってしまうこと**です。

そのメカニズムを少し説明しておきましょう。

「レポート」は、長い期間（数時間～数日～数ヶ月～数年）のできごとを、論理的思考を使って抽象的に要約し表出されるため、人がレポートを語る時の脳は「左脳優位」となります。そして、「左脳優位」の時には、感情を司る「右脳」は冷えていってしまいます（「右脳優位」の時には、「左脳」が冷える。同時に両方を機能させることはできない）。

つまり、傾聴のゴールは「感情表出」なのに、ほとんどの場合、話し手は「論理優位」で話し始めるということ。そのため、**聞き手は、「論理的左脳」から「感情的右脳」に切り替えてもらえるように促すことによって、すでに語られた「レポート」を、生き生きとした「エピソード」に転換してもらう必要がある**のです。

どうすればいいのか？

そのためのスキルは、【Ｓｋｉｌｌ⓭】から【Ｓｋｉｌｌ⓯】で詳しくご説明しますが、ここでは、改めて「エピソードとは何か？」について触れておきたいと思います。

「エピソード」とは、「いつ、どこで、誰が、何を言ったのか」で構成される、短い時間（3秒～3分程度）の再現ドラマのことです。例えば、「息子が勉強せずゲームばかりしている」というレポートを、エピソードに転換するとすれば以下のようになるでしょう。

「先週の土曜日の18時頃、家族3人で外食に行こうと約束していたが、息子が『宿題が終わっていないから待ってくれ』というので、家族で30分待っていた。

しかし、40分過ぎても子ども部屋から出てこないので、催促しに部屋に入ると、彼はゲームをしていた。私はかーっと怒りがわいてきて、『何をしているんだ！　勉強するんじゃなかったのか！　お母さんとお父さんはずっと待っていたんだぞ！』と大きな声で怒鳴ってしまいました。

すると、中学生の息子は気圧されて涙を流して怖がったんです。私は、言い過ぎてしまった、と急に恥ずかしくなりました」

これが「エピソード」です。

「息子が受験なのに勉強しないでゲームばかりしているのは問題だと思います」というレポートとは違って、話を聴いているだけで感情が刺激されるのではないでしょうか？

営業会議の「月間レポート」を読んで感動する人はごくマレであるように、レポートには感情を動かす力はありません。しかし、エピソードにはその力があります。皆さんも、

映画、ドラマ、小説などで感動し、涙した経験があるはずですが、それと同じで、エピソードには感情を激しく揺さぶるパワーがあるのです。

そして、どれだけ生き生きとした**「エピソード」を聴き出すことができるかによって、「傾聴」のクオリティには雲泥の差が生じます。**

なぜなら、繰り返しますが、「傾聴」とは、話し手の「感情」に共感することだからです。つまり、感情を揺さぶられるような「エピソード」を語ってもらうことができなければ、聴き手は共感しようにも、共感するべき「感情」が与えられないということ。だから、話し手が語った「レポート」を、いかに「エピソード」に転換するかは、「傾聴」を成功させる上で、きわめて重要なポイントだということになります。

【Ｓｋｉｌｌ⑬】から【Ｓｋｉｌｌ⑮】で紹介するスキルを使って、ぜひ、このミッションをクリアしていただきたいと思います。

まとめ **「すごい傾聴」では、論理的な左脳で語られる「レポート」を、感情を揺さぶるような「エピソード」に転換する必要があります。**

Skill 13

「感情の尻尾」を捕まえる

どうすれば、「レポート」を「エピソード」へ転換できるか？

ここで重要なのは、**「感情を特定」してから、エピソードに転換する**ということです。

例えば、「息子が受験なのに勉強しないでゲームばかりしているのは問題だと思います」というレポートをエピソードに転換する時には、「息子さんに関する何かエピソードを教えてくれますか？」ではなく、「息子さんに対して『怒り』や『苛立ち』『もどかしさ』をいちばん強く感じたエピソードを教えてくれますか？」と質問をします。

ただし、「怒り」「苛立ち」「もどかしさ」という感情は、すでに語られたレポートにおいて、具体的な言葉として語られてはいないはずです。では、なぜ感情を特定できたのか？　そこで必要となるスキルが、**「感情の尻尾を捕まえる」**です。

「感情の尻尾」とは何か？　この例で言えば、「息子が勉強をせずゲームばかりしている」（できごと）、「受験生なのに勉強しないのは問題だ」（思考）がそれに当たります。なぜなら、そこには論理的必然として「怒り」などの感情が存在することが想定されるからです。しかし、これだけでは、お父さんが「怒り」などを感じていると断定するわけにはいきません。そこで求められるのが、ある種の推理・推測です。その方法は主に二つ。一つ目は話し手の「表情」や「仕草」から推測すること。二つ目は、聴き手が話し手に「なってみる」こと。この二つの方法によって、お父さんの、「感情」を推理・推測するのです。

例えば、「息子が勉強せずにゲームばかりしている」と話すお父さんの表情には、おそらく「怒り」や「苛立ち」が見て取れるでしょうし、お父さんに「なって」みても、同じような気持ちが湧いてくるはずです。

こうして「感情の尻尾」を捕まえたら、「怒り」や「苛立ち」という感情をもっているかどうかを、お父さんに確認します（確認方法はＳｋｉｌｌ⓮参照）。**間違っていても構いません。その場合には、きっとお父さんは「いえ、怒ってはないかな……むしろ心配でならないんですよね……」などと自らの感情を語り始める**はずです。このように、話し手の「感情的右脳」を刺激することによって、エピソードを聴き出す準備をするのです。

まとめ 相手のレポートから「感情の尻尾」を捕え、「エピソード」に転換していきます。

Skill 14

お団子こねこね

「感情の尻尾」を捕まえて、それを相手にエピソードに転換する際に使うのが、僕が命名した独自スキル「お団子こねこね」です。

「お団子こねこね」とは、捕まえた「感情の尻尾」と、「暗黙的に聴き手が推理して感じ取った感情」を混ぜて一つの言葉にすることです。なぜ、こんなことをするかと言うと、人は自分が使った「言葉」に対して、こだわりをもっているからです。

つまり、**「息子が受験なのに勉強しないでゲームばかりしているのは問題だと思います」と話しただけなのに、いきなり聞き手が、本人が言ってもいない「怒り」「苛立ち」「もどかしい」といった言葉を使ったら、お父さんは「違和感」を感じて、その言葉を受け入れようとはしない**だろうということです。

だから、本人が実際に使った「息子が勉強をせずゲームばかりしている」(できごと)、「受験生なのに勉強しないのは問題だ」(思考)という「感情の尻尾」と、聞き手が感じ取った「怒り」「苛立ち」「もどかしさ」という言葉を一つのお団子にこねてから、お父さんに「どうですか？」と確認する必要があるのです。例えば、こんな感じです。

話し手「息子が受験なのに勉強しないでゲームばかりしているのは問題だと思います」

聴き手「『息子が勉強をせずゲームばかりしている！』『受験生なのに勉強しないのは問題だ！』と、『怒り』や『苛立ち』『もどかしさ』をいちばん強く感じた具体的なエピソードを教えていただけますか？」

このように、お父さんが実際に使った「言葉」を上手に混ぜ込むことによって、こちらが推測した「怒り」「苛立ち」「もどかしさ」といった言葉も比較的すんなりと受け止めてもらえるようになります。そして、「エピソード」を話してくれる確率も上がっていくわけです。

まとめ 話し手が使った「言葉」と、聴き手が推測した「感情」を、お団子をこねるように一つにまとめると、話し手はその「感情」を受け止めやすくなります。

Skill 15

〝The Most〟を聴く

「エピソード」を聴く際に大切なのが、この〝The Most（最も、いちばん強く）〟です。つまり、「怒りを感じたエピソードを教えて下さい」ではなく、「いちばん強く怒りを感じたエピソードを一つ教えて下さい」と質問するのです。

「エピソード」を聴く目的は、話し手に感情を思い出してもらうことと、聴き手が「追体験」して感情に共感しやすくなることにあります。そのためには「いつもです、しょっちゅうです」というレポートを語らせないことが必要。〝The Most〟の質問から出てくる答えはいつも一つだけで、必ずエピソードになります。だから**「（感情）を感じたエピソード」ではなく「いちばん強く（感情）を感じたエピソード」、つまりは〝The Most〟を聴く**のです。

ただし、この質問で直感的に思い出してくれればいいのですが、〝The Most〟に話し手がこだわりすぎて、フリーズしてしまうケースがあることに要注意。主に論理的思考が強い話し手に起きがちなフリーズは、次のようなプロセスで発生しています。

①「〝The Most〟は何？」と聴かれた瞬間に自分の記憶にアクセスする
②いくつかのエピソードをピックアップする
③複数の候補を頭の中のエクセルで表組みに並べる
④優先順位の評価をし、並べ替えソートをする
⑤優先順位の評価軸を明確化しようとしてフリーズする

これでは、本末転倒です。そもそも、「エピソードへの転換」は、話し手の「左脳優位」を止めて、「右脳優位」へ転換するために行うもの。ところが、〝The Most〟と質問したことで、逆に「左脳優位」へ戻してしまうことになるからです。

そこで、「左脳優位」な話し手が〝The Most〟に反応してフリーズしていたら、早めに〝The Most〟を撤回します。そのかわりに、**『パッと頭に思い浮かぶ』エピソードを教えて下さい」と非論理的な「右脳優位」へと切り替える**のです。すると、すっとエピソードを話してくれたりします。小技としてもっておくと便利なスキルです。

まとめ まとめ　レポートをエピソードへ転換する際には、「TheMost（いちばん強く）○○という感情を感じたエピソードを教えて下さい」と質問します。

それはビックリですね。で、何と返事をしたんですか？
何だったかな……あ！そうだ。
そうだよ！軽井鴨くんもチャレンジしたらいいよ！
って、結構本気で言ったんです
そしたら？
それが肩透かしで終わって、
なんかうやむやになって、それっきりっていうか
キラッ
何も返事はなかった、ということですか？それとも何か言った？

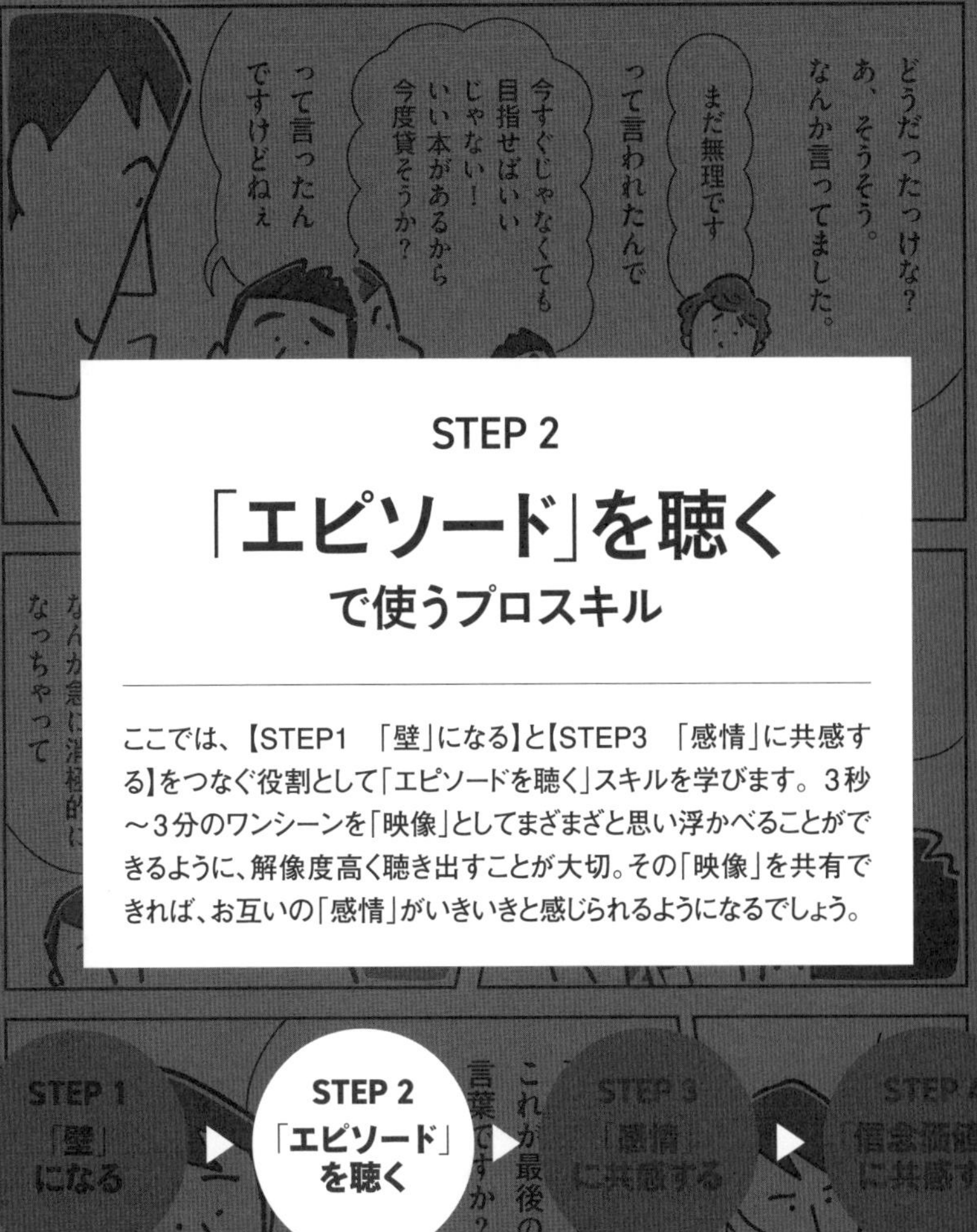

STEP 2

「エピソード」を聴く

で使うプロスキル

ここでは、【STEP1　「壁」になる】と【STEP3　「感情」に共感する】をつなぐ役割として「エピソードを聴く」スキルを学びます。３秒〜３分のワンシーンを「映像」としてまざまざと思い浮かべることができるように、解像度高く聴き出すことが大切。その「映像」を共有できれば、お互いの「感情」がいきいきと感じられるようになるでしょう。

STEP 1 「壁」になる ▶ **STEP 2 「エピソード」を聴く** ▶ STEP 3 「感情」に共感する ▶ STEP 4 「信念価値観」に共感する

Skill 16

「いつ、どこで、誰が、何を言った?」

「エピソード」を聴く際には、「いつ、どこで、誰が、何を言った(セリフ)」を一つずつ確認することをお勧めします。順番もこの通りがいちばん自然。そして、まるで映画のカメラマンになったかのようにイメージしながらそれらを明らかにしていくのです。

なお、これは「5W1H」ではありません。**「3W+セリフ」です。この4要素さえあれば動画撮影は可能です。逆に言うと、他の「Why」や「How」が入ると、「レポート」に逆戻りしてしまうので聴いてはいけません。最も危険なのは「Why(なぜ)」です。この質問をした瞬間に、「右脳優位」から「左脳優位」に戻ってしまうからです。**

そして、「いつ、どこで、誰が、セリフ」の質問は、以下のレベルまで細かく聴きます。

【いつ?】「何月頃ですか? 初旬ですか中旬ですか下旬ですか?」「週末の土日ですか? ウイークデイですか?」「月曜か火曜ですか? 木曜か金曜ですか?」「出社前

の朝？　出社後の午前？　午後？　夕方？　夜？」

【どこで？】「会社の会議室ですか？　執務デスクですか？」「家のリビングですか？　台所ですか？　子ども部屋ですか？」「お店の中ですか？　外の路上ですか？」「電話？　SNS？　電子メール？　チャット？　テレビ会議？」

【誰　が】「一人ですか？」「上司はいましたか？　部下は？　同僚は？　取引先の方は？　顧客は？」「夫は？　妻は？　お子さんは？」

【セリフ】「最初にその話を始めたのは誰のどの一言ですか？」「それに対する答えは？」「それに対する返答は？」「最後の言葉は？」「その言葉への返答は？」「それが本当に最後の言葉ですか？」

「すごい傾聴」でのゴールである感情へ向かうための大切な「ブリッジ（橋渡し）」である「エピソード」を聴くには、ここまで細かく質問する必要があるのです。

まとめ「エピソード」を構成する4要素が「いつ・どこで・誰が・何を言った（セリフ）」です。この通りの順番で一つずつ丁寧に確認すると、「映像」が頭に浮かび感情へ焦点化されます。

Skill 17

「フランクなため口」で話す

企業研修で「すごい傾聴」について教えていると、多くの受講者がこのように質問をしてきます。

「先生！　そこまで細かく聴くのはためらわれてしまいます。まるで刑事の取り調べ尋問みたいで話し手が引いてしまいそう。聴くのが怖いです」

おっしゃるのはよくわかります。たしかに、もしも聴き手が丁寧な言葉を使えばそうなってしまうでしょう。そこで、この質問はあえてフランクにため口で、友だち同士のように声に抑揚をつけて短く聴くのがポイントです。

「それはいつ？　へ〜先週！　最近じゃない！　金曜日かな？」。このように「スタンプ的相づち」とセットで使うと、自然な感じになります。これが、**「それはいつのことでしょうか？　金曜日でしょうか？」など丁寧に言ってしまうと、まさに取り調べ尋問のようになり、相手を緊張させてしまう**でしょう。

また、この**質問をテンポよく進めるためには、「開いた質問（5W1H）」だけでなく、時折、「閉じた質問（YESかNOの短い答えになる）」をあえて混ぜる**のもお勧めです。「何曜日でしょうか？」（開いた質問）だと、雰囲気が堅苦しくなりすぎるので、あえて「金曜日あたりかな？」（閉じた質問）を混ぜるのです。

「すごい傾聴」を実現するためには、どれだけリアルな「エピソード」を聞き出せるかが決め手となります。それを円滑にするためにも、この口調や雰囲気には十分に注意を払う必要があります。後述する「言葉を削る」とセットで使いテンポよく進めましょう。長々と重々しく質問してしまっては、せっかく出かかっている話し手の感情が引っ込んでしまいます。テンポよく、快活に、短く。それを心がけて下さい。

まとめ エピソードの詳細を聴く際には、取り調べ尋問のように重くならないよう、フランクなため口で言葉を削りながらテンポよく質問していくと効果的です。

STEP❶「壁」になる
STEP❷「エピソード」を聴く
STEP❸「感情」に共感する
STEP❹「信念価値観」に共感する

Skill 18

「言葉」を削って短く話す

僕が、初めて師匠の心理療法を受けた時に衝撃を受けたことの一つが、この「言葉を削る」ということです。僕がしどろもどろになりながら、抽象的に「相談内容（主訴）」を伝えたあと師匠はズバリこう言いました。

「何に困っているの？」

その後も、僕が「曖昧言葉」で抽象的な言葉を話すたびに、

「どういうこと？」

と必要最低限の文字数で返してくるのです。

一般的に「傾聴」といえば、丁寧な「伝え返し」をするために、聴き手が冗長に話しがちです。しかし、師匠は1文字でも2文字でも言葉を削って、短い言葉で返します。それがズバンと胸に響き、僕の中で次々と反応が連鎖していったのを覚えています。

人は自信がない時に言葉が多くなります。

そして、聴き手の言葉が多くなると、逆に話し手の言葉が減っていきます。**聴き手が多く話すと話し手の感情が引っ込み、理性モードに入ってしまう**からです。せっかくここまで苦労して「感情の表出」を準備してきたのに、聴き手の言葉が多すぎて冷めてしまうのです。

「すごい傾聴」では、相手の「(特に抑圧しがちなネガティブな)感情」を引き出し、それを存分に味わい肯定していくことが重要ですが、その感情を引き出すために最も重要なことは「聴き手が言葉を削る」ことなのです。質問するときは、1文字でも2文字でも削ること。特に【STEP❷「エピソード」を聴く】のプロセスで徹底したいスキルです。

まとめ **1文字でも2文字でも削って、必要最低限の文字数でテンポよく質問することで、話し手の感情が引っ込むのを防ぎます。**

Skill 19

相手の「感情」を引き出す方法

——「リマインド」のための質問

面談や1 on 1の研修で登壇指導しているときに、よく受ける質問があります。

「『いつ、どこで、誰が、何を言ったか（セリフ）』を、そこまで根掘り葉掘り聴く必要があるのですか？　例えば、先週の月曜か火曜か？　午前か午後か？　まで聴く必要があるのでしょうか？」

すでにご説明したように、話し手ができれば話したくない「エピソード」を聴き出すのではなく、あくまで話し手が話したいと思っている「エピソード」を聴き出すのですから、それを詳しく尋ねても「根掘り葉掘り聴く」ことにはなりません。

ですので、ここで問題になるのは、「先週の月曜か火曜か？　午前か午後か？　まで聴く必要があるのでしょうか？」の部分でしょう。もちろん、その答えは「必要がある」です。「その方が傾聴がうまくいく」とも言えるでしょう。

なぜか？

この質問には、二つの意味があるのです。

一つ目は、**細かいシチュエーションを知ることに意味がある**ということ。

例えば、話し手がこのようなエピソードを話してくれたとしましょう。

「技術トラブルがあり、部下の課長と緊急対応をメールで相談していた。ところが、課長は緊急であることをわかっているはずなのに、返信が1時間経っても2時間経っても来ない。私は出張で飛行機に乗っていたので電話もできない。すごく焦りました」

聴き手役の僕が「それは何曜日の何時頃の話ですか？」と尋ねると、「日曜の夜10時過ぎのことです」と返事が来ました。僕はてっきり平日の日中だと思っていたので驚き、事態が本当に緊迫していることを感じました。

このように、曜日や時間の情報によりメッセージや意味が異なってきます。そのためにも、詳しく聴く必要があると言えるのです。

そして、二つ目の意味も重要です。

それは、**細かく質問することで相手が「あれ？　いつだったたっけな？」と記憶をたど**

り、その時の情景を細かく思い出すことによって、「感情」がよみがえりやすくなるという「リマインド機能」が期待できることにあります。

例えば、須豪山課長が「午前中？　午後？　夕方？」と質問したことで、熱中主任は「昼休みが始まってすぐでした。早く行かないとミックスフライが売りきれる！と思っていたときでした」と、その時の場面をありありと思い出しています。このように細かく質問することで、熱中主任は「今ここ」で、その時の感覚を思い出す（リマインド）することができたわけです。

通常、曜日や時間などの細かい情報が、先ほどの例のように「情報的な価値」を持つことは少ないでしょう。しかし、この「リマインド機能」はあらゆる対話に有効です。心理療法における質問の多くは、この「リマインド機能」のように、話し手の意識を必要な部分に向けるための誘導的質問です。単に、聴き手が情報を知りたくてする質問でないことの方が多いのです。

なお、ここで誤解をしないように注意してほしいことがあります。

ここでお伝えしているのは、「話し手の意識を必要な部分に向けるための誘導的質問

（例：何曜日のことですか？）」であって、一般的に使われる「誘導尋問」とは異なるということです。これは非常に重要なポイントです。

誘導尋問とは「答え」を誘導するものです。しかし、**ここで使われている「誘導的質問」は、話し手の「答え」を誘導しているのではなく、話し手が「意識の焦点合わせをする先」を誘導しているのであり、話し手はそこに意識を向けながらも、「答え」については自由に語れる**ことに注意していただきたいのです。

まとめ エピソードの詳細を聴くことによって、話し手の意識を「焦点化」させるリマインド機能も期待することができます。

Skill 20

「現在形」ではなく、「過去形」で聴く

【STEP❷ 「エピソード」を聴く】では、「いつ、どこで、誰が、何を言った（セリフ）」を詳細にテンポよく「言葉を削って」「フランクなため口」で質問していきますが、その際にもう一つ重要なことがあります。それは「過去形で聴く」ということです。

具体的には、「それはいつのことですか？」ではなく「いつのことでしたか？」と聴く。「場所はどこですか？」ではなく「どこでしたか？」と聴くのです。

なぜか？

「過去形の質問」は「過去形の答え」を誘発し、「現在形の質問」は「現在形の答え」を誘発するからです。

レポートは「現在形」で語られ、エピソードは「過去形」で語られます。「いつですか？」と現在形で聴くと、「いつものことです」「しょっちゅうです」と現在形のレポート

が出てきます。そして、レポートとは、「数時間〜数日〜数ヶ月〜数年」にわたる長い時間のできごとを、論理的に要約して抽象的に語ることですから、その際に使われるのは論理的な左脳であり、その瞬間、感情は引っ込んで冷めていきます。つまり、たった一つの「現在形の質問」が、これまで苦労して「左脳優位」から「右脳優位」へとモードチェンジしてきた努力を台無しにしてしまうのです。

逆に、「いつのことでしたか？」と過去形で聴くと、「たしか……先週の頭頃だったかな……」と過去形のエピソードが出てきます。エピソードは「数秒〜数分の短い時間」を、まるで映画やドラマや小説のように映像化する「語り」です。エピソードを話し手に語ってもらうためには、繊細に「過去形」で聴く必要があるのです。

まとめ エピソードの質問は常に「過去形」で聴くようにします。「いつですか？」ではなく「いつでしたか？」、「どこですか？」ではなく「どこでしたか？」と聴くのです。

Skill 21

「自己内対話」を聴く

エピソードの構成要素は、「いつ、どこで、誰が、何を言った（セリフ）」です。

そして、その中でも最も大切なのは「セリフ」です。しかし、その「セリフ」がないエピソードも2~3割くらいの出現率で語られます。それが「独りでいる時のエピソード」です。

例えば、「テレビを見ながらアナウンサーにむかついた」「単身赴任の会社員が、街を歩いている家族連れを見て家が恋しくなった」といったエピソードには「セリフ」はありません。ではどうすればいいのでしょうか？ そんな時には、「自己内対話」を聴くのです。

「その時あなたは、心の中で何とつぶやいていましたか？」

「その時あなたは、心の中で何と叫んでいましたか？」

と聴くのです。

しかし、多くの人は間違います。

「その時あなたは、心の中でどう思いましたか？」

と聴いてしまうのです。


しかし、これは間違いです。

人の感情を動かすのは映画やドラマや小説です。そして、**優れた映画や小説は、主人公の内面の思考経緯を解説しません**。「その時、○○は焦りを感じた」というナレーション的な説明を入れるのは、素人の野暮な演出です。

優れた映画ではナレーションを入れずに、主人公が焦る様子を「映像」や「セリフ」で表現します。「額の汗」や「シワ」をクローズアップで映すかもしれません。「あっ！（舌打ち）」というセリフと、震える指先をクローズアップで映し出すことで焦りを表現することもあるでしょう。冷静なナレーターが登場して、「その時、彼は焦っていた」などと説明すると台無しになってしまうのです。


これと同様に「すごい傾聴」では、レポート的な説明を排除して、実際に語られたセリフからその感情を読み取ります。そして、独りの場面のエピソードでは「自己内対話」を聴く。心の中でのセリフを聴くのです。
つまり、「その時あなたは、心の中でどう思いましたか？」などと聴いたら、「あの時私は、もうダメかもしれないと思いました」といった、野暮なナレーターの説明のような「現在形のレポート」を誘発してしまい、あっという間に話し手の頭が「左脳優位」になってしまいます。そうではなく、「自己内対話」のセリフを語らせるのです。

「その時あなたは、心の中で何とつぶやいていましたか？」
「その時あなたは、何と叫んでいましたか？」

そう問いかければ、感情の乗っかったセリフが返ってくるでしょう。

「『ああ、もうダメかもしれないな……』と心の中でつぶやいていました」
「『ふざけるな！　いい加減なこと言うなよ！』と心の中で叫んでいました」

このように「自己内対話」は話し言葉のセリフで語られるのです。**「すごい傾聴」は常に「説明的なレポート」を排除し、「映像的なセリフ」を誘発する質問をしなければなら**

ないのです。

まとめ 独りの時のエピソードは自己内対話を聴きます。「どう思ったか?」と聴くとレポートを誘発するため、「何とつぶやいていましたか? 叫んでいましたか?」と聴きましょう。

Skill 22

「レポート」を「エピソード」に戻す

ビジネスパーソンのほとんどは日常会話においてレポートを語っています。

「数秒から数分」の瞬間を、丁寧に映像化するエピソードを語ることにはまったく慣れていません。ですから、聴き手がエピソードを聴き出そうと質問をしても、何度もレポートに戻ってしまうのも、ある意味仕方がないことです。そんな時は、聴き手が辛抱強く、わざとらしくならないように、自然にエピソードへ戻すことを繰り返すほかありません。

コツは相手を否定しないことです。レポートが返ってきてもサラリと受け流して、もう一度、「いつ、どこで、誰が、何を言った（セリフ）」に戻すのです。例えば、こんな感じです。

聴き手「いちばん強く不安を感じたのはいつですか？」（エピソード）

話し手「いつとは言いづらいですね。いつも不安です」（レポート）

聴き手「いつもなんですね（サラリと受け流す）。その中でも、いちばん強く不安を感じたのはいつですか?」（エピソードに戻すための質問）

話し手「いつとは言いづらいですね。いつも不安です」（レポート）

聴き手「いつもなんですね。その中でもいちばん強く不安を感じたのは、例えば会議の場面とか、上司と面談している場面とか、集会でのスピーチの場面とか、でしょうか?」（エピソードに戻すための「例えば」を用いた質問）

話し手「上司との1on1の場面でしょうか」（レポートからエピソードに転換された）

聴き手「それは、具体的にいつのことでしょうか? 先週? 先月?」（エピソード）

このように、聴き手がいくらエピソードの質問をしたとしても、話し手はレポートを語りたがります。その話し手を否定せずに、「例えば」という言葉を使いながら自然にエピソードに戻すことができれば、「すごい傾聴」がうまく進むようになるでしょう。

まとめ **話し手は「レポート」を語りたがりますから、「例えば」という言葉を使いながら、その「レポート」を「エピソード」に変換する努力をします。**

Skill 23

「エピソードの確認」はハイテンポで行う

【STEP❶「壁」になる】においては、「質問」をせず「述語的会話」で次を促しながら、「理解の確認」を1～2分に1回丁寧に行います。そして、それを2～3回繰り返すと、5～6分が経ちます。それまでの間に、「感情の尻尾」を捕まえて、「お団子をこねね」して、聴くべき「エピソード」を特定します。

しかし、【STEP❷「エピソード」を聴く】では、これをガラリと変えなければなりません。つまり、**エピソードを聴く時には、どんどん「質問」し、「言葉」を短く削り、「理解の確認」をしないことが重要**です。

エピソードを聴く目的は、「いつ、どこで、誰が、何を言った（セリフ）」の物語を語ってもらうことで、話し手の感情を高めることにあります。にもかかわらず、聴き手が長々と「理解の確認」をしていては、「エピソードの映像」を忘れてしまいます。そして、話し手の感情が冷めてしまいます。

ですから、1文字でも2文字でも質問を短く削り、「それで？」「それから？」「何て返したの？」とテンポよくため口で返すことが重要です。一つ一つオウム返しで「理解の確認」をしてはいけません。「なるほど。日曜日の午前10時頃に、お兄様と一緒に近所のファミリーレストランへ行って、朝食を食べながらお話されていたんですね……」などと、「理解の確認」をした瞬間に話し手はテンポが崩れて、感情が冷えていくのです。

【STEP❶　壁になる】は丁寧にスローテンポで、【STEP❷　「エピソード」を聴く】は短くハイテンポで言葉を削る。このコントラストが大切なのです。

まとめ　「壁になる」はスローテンポで理解の確認をする。「エピソードを聴く」はハイテンポで理解の確認をしない。ステップが変わったら技法もガラリと変わることを覚えておきましょう。

Skill 24

「一般化」ではなく、「個別化」する

「すごい傾聴」では、「一般化」せず「個別化」することを大切にしています（第2章Point⑫参照）。

津波で父親を亡くされた被災者の方に対して、「わかる、わかる。私も癌で父親を亡くしたからよくわかりますよ」などと伝えてはなりません。「被災者の悲しみ」と「自分の悲しみ」は異なるからです。すべての出来事は、個人固有の独特の体験です。それを安易に「一般化」してはならない。そうではなく、「個別化」しなくてはならないのです。

では、どのようにして「個別化」すればいいのでしょうか？

基本的に**「個別化」するために必要なのは、「自分の体験」を使わずに、「相手の体験」に共感すること**です。「自分の父親を癌で亡くした体験」は使わずに、「相手の体験」だけを使う。つまり、「被災者の方が津波で父親を亡くされたこと」に共感をするのです。それは、まさに追体験することであり、相手の脳の中に一緒に手をつないで入り込んで、そこで起きていることを一緒に体験するようなイメージで共感するのです。

具体的には三つの技法を使います。一つは「目」を使う。二つは「耳」を使う。そして、「想像力（イマジネーション）」を使うの三つです。

「目を使う」とは、**「あなたの表情を見ていたら、私も悲しくなってきました」**と伝えること。「耳を使う」とは、**「あなたの話を聴いていたら、私まで悲しくなってきました」**と伝えること。そして、三つ目の「想像力（イマジネーション）を使う」とは、**『もしも私があなただったら』と想像したら、とてもつらい気持ちになりました」**と伝えること。このように、「相手の体験」を「追体験」し、「自分の体験」を持ち出さないことが大切。それが、「一般化」せず「個別化」することにつながるのです。

まとめ 一般化せずに個別化するためには自分の体験を使わないことが大切です。具体的には「目」と「耳」と「想像力」を使って、相手の体験だけを使って共感していくのです。

えっと……。あ、僕こう言いました。「社内試験、今年は無理でも来年受けてみる、という手もあるよ。20代で受かっている人もいるよって」と
具体的に提案されたんですね。
で、軽井鴨さんは？
「いやいや、まだ全然無理です」って言われました
それに対して？
それなら、って社外の資格を教えてあげたんです。プロジェクトマネージャ試験、とか、応用情報技術者試験とか
そしたら？
それが「いやぁ……」って言って。これ以上言ったらおせっかいかな、と思って、それで話は終わりにしました。僕もミックスフライが気になっていたし
やぁ、詳しく教えてくれてありがとう。まるで私もその場にいるかのようにありありと映像が浮かびましたよ
ズズ
キラッ
その時、熱中さんは「もどかしい！じれったい！」と思っていたのでしょうか？

STEP 3

「感情」に共感する
で使うプロスキル

相手にとって「最も重要なエピソード」を共有できたら、そのエピソードがもたらした「感情」を掘り下げていきます。聴き手が「決めつける」ことなく、いろいろな角度から「質問」を重ねることで、本人も気づいていなかった「感情」の存在に気づいたりします。そのとき、深いコミュニケーションが成立するのです。

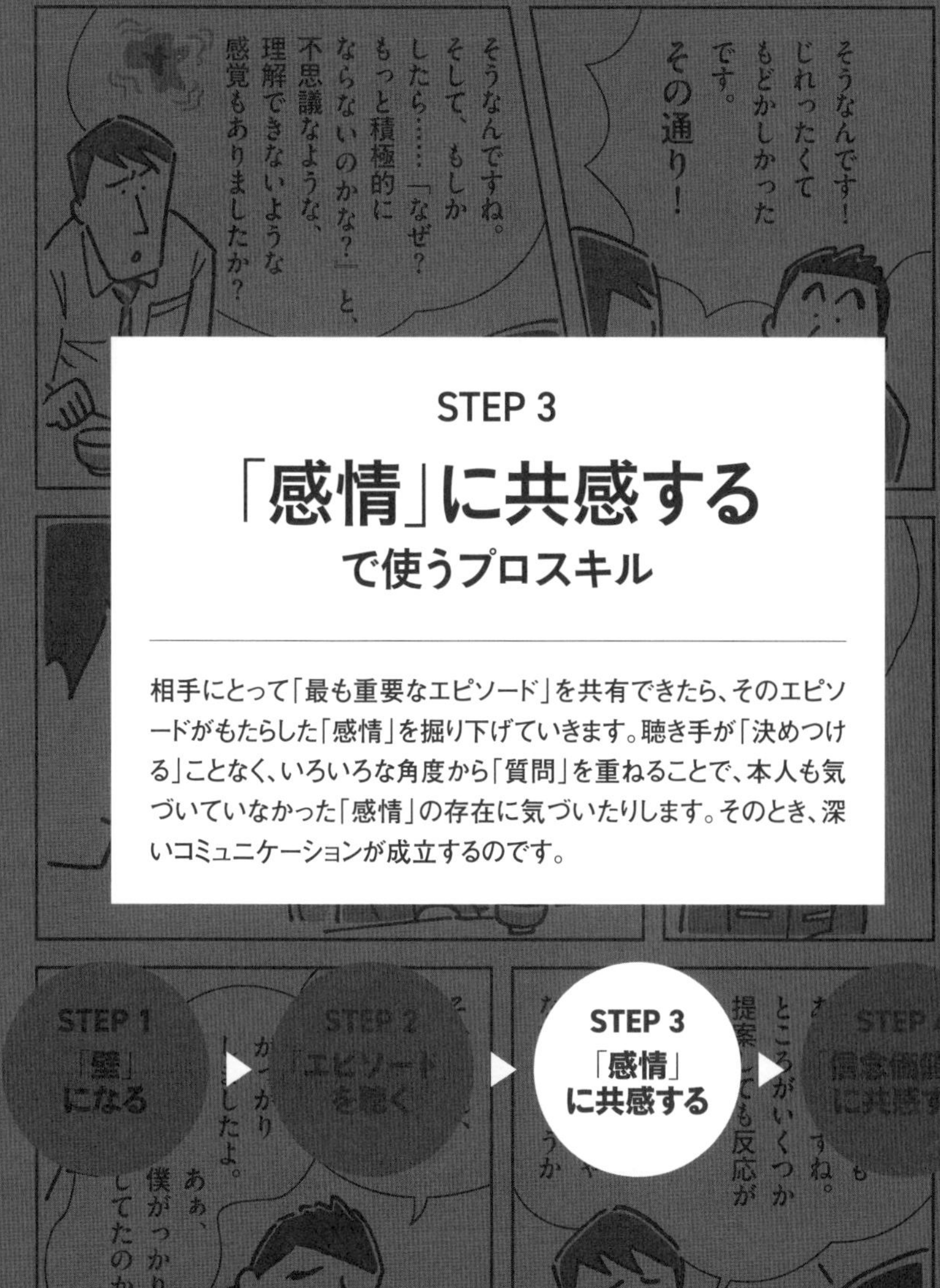

Skill 25

「感情のボキャブラリー」を増やす

「すごい傾聴」のゴールは二つあります。

一つ目は、「感情に共感する」こと。

二つ目は、「信念価値観に共感する」ことです。

その一つ目である「感情に共感する」を成し遂げるためには、まず感情が何であるかを理解しておかなければなりません（第2章Ｐｏｉｎｔ❼参照）。

僕たちは滅多に感情を言葉にしません。いつも、「できごと」や「思考」ばかりを口にしています。だから、**まずは自分が言葉にしているものが、「できごと」なのか、「思考」なのか、「感情」なのかを切り分ける訓練が必要**です。その上で、「感情のボキャブラリー」を増やしていくことが重要なのです。

一般的に、感情は5種類、6種類、7種類などの大分類で語られます。まずは、これを暗記しましょう。その上で、微細な違いがある数十〜数百ある感情の中からボキャブラリーのストックを増やしていくのです。

では、代表的な「感情」を整理して見比べてみましょう。まず、感情の大分類について、代表的な三つのものを見比べてみましょう。ご覧のように、それぞれに違いはありますが、点線で囲んだ**「喜び」「悲しみ」「怒り」「驚き」「恐れ」「嫌悪」**という6種類の感情が代表的なものと言えそうです。そこで、この六つの感情を暗記するとともに、時事刻々と自分のなかに湧き起こる感情が、どれに当たるのかを分類する練習をするといいでしょう。

①カリフォルニア大学バークレー校の研究

●喜び　●悲しみ　●怒り　●驚き　●恐れ　●嫌悪

②E・エクマンによる分類

●幸福　●悲しみ　●怒り　●驚き　●恐れ　●嫌悪

③C・イザードによる分類

●興味興奮　●喜び　●怒り　●驚き　●恐れ　●嫌悪　●苦悩不安

●軽蔑　●恥　●罪悪感

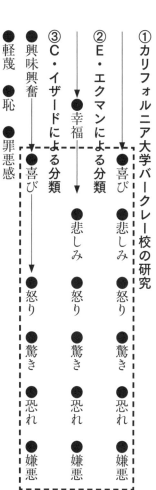

次に、さらに細分化した「感情リスト」も見てみましょう。

④カリフォルニア大学バークレー校の研究　27種類

●敬服　●崇拝　●称賛　●娯楽　●焦慮　●畏敬　●当惑　●飽きる　●冷静　●困惑
●渇望　●嫌悪　●苦しみの共感　●夢中　●嫉妬　●興奮　●恐れ　●痛恨　●面白さ
●喜び　●懐旧　●ロマンチック　●悲しみ　●好感　●性欲　●同情　●満足

⑤上記以外で著者がストックしている代表的な感情

●ドキドキ　●自信　●落ち着き　●安心　●心地よい　●期待　●憧れ　●うらやましい　●落胆（がっかり）　●同情　●疑い　●嫉妬　●うんざり　●困惑　●もどかしい
●傷つき　●気がかり　●絶望　●途方に暮れる　●気が進まない　など

このほかにも、さまざまな出典に当たれば、数十～数百にのぼる膨大な数の「感情リスト」に触れることができます。そのなかから、自分が使いやすい「感情」をピックアップしてストックを増やしていきましょう。

そうすることによって、**自分が感じている「感情」を繊細に認識することができるよう**

になるとともに、話し手の「感情」にもきめ細かい共感ができるようになるはずです。ぜひ、お試しください。

まとめ 「すごい傾聴」の一つ目のゴールである「感情に共感する」ためには、「感情のボキャブラリー」をストックしていくことが必要です。まずは基本となる六つの感情を暗記した上で、さらに細分化した感情リストを増やしていきましょう。

STEP❶「壁」になる
STEP❷「エピソード」を聴く
STEP❸「感情」に共感する
STEP❹「信念価値観」に共感する

Skill 26

「暗黙の感情」を言語化する

――感情の明確化

ここまで、一般的にビジネスマンは感情を表出することに慣れておらず苦手であるため、聴き手がさまざまな工夫をして、スキルを駆使しなければ、感情は出てこないことを繰り返しお伝えしてきました。

「感情の明確化」とは、**相手から明示されない「暗黙の感情」を感じ取り、推測して言語化し、相手にぶつけて確認して、特定させていく**一連の流れ・方法ですが、「すごい傾聴」では次ページの「4段階」を踏んでいきます。

「すごい傾聴」の特徴的なところは、聴き手が話し手に対して「どのように感じましたか？」「どのような感情がありましたか？」と「開いた質問」をしないところにあります。

一般的な心理療法においては、この「開いた質問」を大切にしています。そうすることによって、「感情の明確化」を聴き手がするのではなく、話し手本人に考えさせるわけです。

「感情を明確化」する4段階

段階1

「感情の尻尾(感情を想起させるようなできごと、思考の言葉)」を捕まえる。

▼

段階2

「感情の尻尾」をもとに、「相手になってみる」ことで、自分のなかに湧き起こる「感情」にコンタクトして、話し手の「感情」を推測、言語化する。

▼

段階3

話し手の「表情」を見ながら、その「感情」を推測、言語化する。

▼

段階4

聴き手が推測した「感情」と「感情の尻尾」をお団子にこねて話し手にぶつけ、すりあわせをする(＝感情の明確化)。

しかし、「すごい傾聴」は、心理療法から理論や技法を拝借しているものの、心理療法そのものではありません。本書で示す「すごい傾聴」は、「心理のプロではない普通のビジネスパーソンが、わずか15~30分で本格的な傾聴を実践できる特別な技法」です。

そのためには、話し手が語ることが苦手な「感情」を、「開いた質問」で相手に委ねるのはよい方法とは言えません。そうではなく、本書で「理論」や「技法」を学んだ聴き手がその困難を引き受ける。つまり、「感情」を探し、明確化するところを聞き手が代行するという技法を採用しているのです。

なお、**聴き手が推測して、言語化した「感情」を、相手にぶつけて確認する際には、決して「決めつけ」るような口調で伝えないよう注意しましょう。**

あくまでも、話し手の「感情」は話し手にしかわからないのですから、「あなたは○○と感じたんですよね!」「○○と感じたんでしょう?」などと押しつけるのは御法度。それだけで、相手は心を閉ざしてしまうでしょう。

そうではなく、「話し手のことはわからない」という前提に立って、**聴き手は常に「ためらいの言葉」や「謙虚な自己懐疑的姿勢」で確認する必要があります。**須豪山課長も、

「その時、熱中さんは『もどかしい！　じれったい！』と思っていたのでしょうか？」と丁寧に聴いているように、「もしかして〇〇という感情を感じられたのでしょうか？」「〇〇と感じたのかなぁ？」などと謙虚な聞き方をするのです。その謙虚な姿勢が相手に伝わった時にはじめて、相手は「自分の感情」の探索を始めてくれるのです。

まとめ 相手の「暗黙の感情」を確認するときには、「もしかして、〇〇という感情を感じられたのでしょうか？」などと謙虚な姿勢で尋ねましょう。

Skill 27

「今ここ」中心の自己開示をする

「すごい傾聴」における自己開示は、スパイが調べればわかるような個人情報を伝えることでもなければ、話し手が話す内容と似た「自分の体験」を披露することでもありません（第2章 Point❻参照）。本物の「自己開示」とは、別名「今ここ中心の自己開示」とも呼ばれる、話し手と聞き手が存在している瞬間に「ユースオブセルフ」で自分の中に湧き起こる「感情」を伝えることなのです。

話し手が、「自分の体験（できごと）」や「思考」だけでなく、「感情」を話した瞬間に深い自己開示が発生します。たとえるならば、それは衣服を脱ぎ捨て、裸になるようなもの。

その時に、聴き手が冷静にスーツを着て、ネクタイをしていては、話し手を傷つけてしまいます。そうではなく、相手に裸になってもらうのであれば、こちらも衣服を脱ぐことが必要です。つまり、**相手にリスクテイクを求めるのであれば、こちらもリスクテイクしなければ平等ではない**ということです。

須豪山課長も「私はそんな後輩思いの熱中さんが誇らしいですよ」と「今ここ中心の自己開示」をしていますが、あのような感じで「あなたの話を聴いていると……私も胸が苦しくなってきました……」「あなたが『特に話すことがありません』と言うのを聴いて、『私はまだ信頼されていないのかな……』と少し自分を責めるような気持ちが起きてきました……」などと率直な気持ちを伝えるといいでしょう。**話し手に率直になってもらうには聴き手がまず率直でいること。そのための技法が「今ここ中心の自己開示」なのです。**

なお、須豪山課長が熱中主任に伝えた、「30代の頃に燃え尽き症候群で倒れた」という自分の体験談を自己開示したのは、この「今ここ中心の自己開示」からは外れた例外的な技法です。「すごい傾聴」では、すべてのプロセスを終えたあとは、余韻を味わうかのように、「自分の過去の体験の自己開示」を「小さな声」で「ひとりごと」のように「そっとつぶやく」ことも有効であると考えます（詳細は、【SKILL39】でご確認ください）。

まとめ 相手に率直になってもらうためには、聴き手も率直に「今ここ中心の自己開示」をしましょう。

Skill 28

相手の「言語化」をサポートする

――「フェルトセンス」と「脳幹言葉」

繰り返しお伝えしているとおり、「すごい傾聴」の一つ目のゴールは、話し手の明示的・暗示的な「感情」を明確化して、共感することです。だから、僕は研修で常にこのようにお伝えしています。

「一つのエピソードに、感情は必ず5種類以上存在します。ですから最低でも3個、できれば5個の感情を見つけ、一つずつセパレートして相手に確認をして下さい」

すでにお伝えしたとおり、「感情」はいちばん大ぐくりでも6個。心理学者によっては、数十から数百あると定義されています。その中から3~5個を選び、話し手に「このような感情を感じましたか?」と確認することは、慣れさえすれば誰にでもできることだと思います。その際に、「フェルトセンス」と「脳幹言葉」の二つを感情の種類に加えると、より確かめやすくなるでしょう。

「フェルトセンス」とは、「すごい傾聴」の源流の一つである「フォーカシング指向心理療法」の中核となる考え方です（詳しくは第4章参照）。

ごくごく簡単に説明しましょう。例えば、何か気がかりなことがある状況において、僕たちはうまく言葉にできないような「感覚」を覚えますね？　それは「胃がずーんと重いような感覚」として表現されるかもしれませんし、「背中がぞわぞわとする感じ」と言う人もいるでしょうし、「通りの角から魔女にのぞき込まれているような感じ」や「砂時計の砂がもうすぐ落ちきってしまいそうな感じ」などメタファー（暗喩）として表現されることもあるでしょう。このように表現された「感覚」を、フェルトセンスと呼ぶのです。

そして、話し手が「自分の感情」を明確に言語化できない時には、まずは「フェルトセンス」を語ってもらいます。なぜなら、これらフェルトセンスは「最上級の感情の尻尾」だからです。**「感情」として特定されてはいないものの、単なる「できごと」や「思考」よりも、はるかに「感情」の息吹が感じられる表現ですから、このフェルトセンスを糸口に「感情の明確化」へと進んでいける**のです。

こんな感じです。

フェルトセンスが出てきたら、「それって、こういうことですか？」などと「理解の確認」をしながら、もう一度ゆっくりと相手と「エピソード」を共有し、お互いに体の中で響かせ味わってみます。すると、さきほど出てきた「フェルトセンスの言葉」が新たに更新されるでしょう。それを繰り返しているうちに、ふっとその正体がわかる瞬間が訪れるのです。例えば、こんなふうに……。

「そうか。砂時計のように残り時間をサラサラと心の中でカウントダウンして（フェルトセンス）、焦っている（感情）、いや心配している（感情の更新）……違う。砂が落ちきってしまう淋しさ（感情の更新）……。そう、これだ。あー、『人生、残り少ない』という老いを感じて、淋しくなっていたのか！　そうか、うん。そうだ。そうだったのか……」

このように、話し手から「フェルトセンス」が出てくれば、それを「感情の尻尾」として感情の明確化をしていくのが容易になるのです。

また、似たような言葉に「脳幹言葉」というものがあります。

脳幹は中脳、橋、間脳、延髄から構成され、呼吸、心拍、体温維持など生命維持に関わる重要な働きをしています。

そして、この脳幹は「理性」や「思考」を司る大脳新皮質とは異なる部分であるため、言語を用いた「喜び」「悲しみ」などの感情が理解できません。脳幹がわかるのは感情ではなく、「じーん」「カチカチ」「ひんやり」「ほんわか」「ざらざら」「すべすべ」などの感覚なのです。

しかし、このような「脳幹言葉」が出てきたら、それも「感情」に近づいている合図です。なぜなら、**「怒り→頭がカーッと熱くなる」「恐れ→背筋が寒くなる」「緊張→肩に力が入る」「不安→心臓がドキドキする」といった具合に、人間の感情はほぼすべてが体と結びついている**からです。このように「感情」にコンタクトするために、「フェルトセンス」や「脳幹言葉」を経由することも極めて有効です。これらも「すごい傾聴」の重要な引き出しの一つなのです。

まとめ 言葉にならない感覚やメタファーである「フェルトセンス」や「脳幹言葉」は最上級の「感情の尻尾」です。これらを経由することで「感情の明確化」が行いやすくなります。

Skill 29

「感情」の裏にある「感情」を探す

語られるエピソード一つにつき、最低でも五つの感情が含まれると言われています。「すごい傾聴」においては、それらの感情を一つずつ明確化するとともに、一つひとつの「感情」を体に響かせ、話し手と一緒に味わい共感していくプロセスが非常に大切です。

そのときに、意識しておくべきことがあります。

それは、「感情」の裏には、必ず別の「感情」が存在するということです。

須豪山課長の「すごい傾聴」を思い出してください。熱中主任から、仕事に対して煮え切らない態度の軽井鴨さんとのエピソードを聞いた須豪山課長は、「熱中さんは『もどかしい！』と思っていたのでしょうか？」と、「もどかしい」という感情を引き出しました。

しかし、それにとどまらず、その「もどかしい、じれったい」という感情の裏側に、「もっと軽井鴨さんが積極的になってほしかったのに……」という「がっかり落胆した」

という感情を発見。さらに、「落胆」という感情の裏側に「（軽井鴨さんへの）期待」という感情が存在していることまで洞察しました。このように、一つの感情を起点に、どんどん感情を掘り下げていくことで、深い「気づき」を得られるようになるわけです。

そして、ここで重要なのは、実は「左脳」です。

どういうことか？ **「落胆」という言葉を体に響かせて、その感情が存在しているかどうかを感じ取るのは「右脳」の働きですが、「期待しているからこそ落胆する。ということは、落胆したということは、その背後には期待という感情があったはず」と推論するのは「左脳」にほかならない**からです。

もちろん、あくまで「推論」ですから、相手に「期待していたのでは？」と確認した結果、「いや、そうではないですね……」と否定される可能性は常にあります。でも、それで全く問題ありません。であれば、「では、〇〇では？」と別の感情を探せばいいだけ。

大切なのは、そうやって一緒になって、「感情」を深掘りしていくプロセスなのです。

まとめ **「右脳」と「左脳」を往復しながら、「感情」を深掘りしていきます。**

Skill 30

「感情」は一つずつ分離して味わう

「感情の共感」において大切なことは、感情をゆっくりとじっくりと味わうことです。

そのためには、「複数の感情」をまとめて一度で相手に確認をするのではなく、一つひとつをセパレートして順番に丁寧に確認することが大切です。

●「複数の感情」をまとめて一度に確認する

聴き手「最初は驚いて、次に怒りが出てきて、最後にがっかりして、悲しくなったんですよね、どうですか？」

話し手「え、ぇぇ。まぁ、そんな感じですね……」

●「複数の感情」をセパレートして、一つずつ丁寧に確認する

聴き手「最初は、驚いたんではないでしょうか？　どうですか？」

話し手「ええ。そうなんです。まさか○○と言われるとは。びっくりして……」
聴き手「あぁ……。そうだったんですね。予想外の言葉にびっくりしたんだ」
話し手「そう、そうなんです。私は××をいつも大事にしてきたから、まさかそんなことを言われるとは……」
聴き手「そうだったんですねぇ。ええ、うん、うん……。そして、どうでしょう。次に少しずつ、怒りが湧いてきたように見えました。どうでしょうか？」
話し手「うーん……言われてみればそうかもしれません。あぁ、僕は怒ってたのかぁ……」

このように、一つずつ丁寧に感情を扱い、一緒に感じてみるのです。**注意していただきたいのは、相手の感情を「当てる」ことに集中しないということ。そうではなく、丁寧に「味わう」「共感する」「体験する」ことに焦点を当てていただきたい**のです。この【STEP❸】が終わった時点で、話し手に感じてほしいのは「気持ちをわかってもらえた」という感覚。そのためには、感情をセパレートして一つずつ「味わう」ことが大切なのです。

まとめ **複数の感情を一度に確認するのではなく、一つずつ分離してから丁寧に味わいます。**

Skill 31

共感しにくい「攻撃性」への対処法

──「コーピング」と理解する

「傾聴」について、よく聞かれる質問があります。

例えば、1on1で部下の話に耳を傾けようとしていたら、「経営批判」や「会社批判」のオンパレードだったり、同僚に対する「不平」「不満」「悪口」のオンパレードだったり、あまりに「攻撃的な発言」や「ネガティブな発言」が多くて耐え難い。「こんな時はどうすればいいのか?」という質問です。

そんな時に、僕が意識しているのは「コーピング」です。

コーピングとは「自己防衛的な対処行動」のこと。つまり、**「攻撃的な発言」「ネガティブな発言」などはすべて、話し手が自分を自己防衛するための対処行動だと考える**のです。

コーピングは、その人にとって厳しいと思われる環境を生き延びていくために、主に幼少時に獲得した自分を守る方法です。そのため、もしかしたらそれは幼稚な方法論かもしれません。むしろ逆効果で、他者に嫌われるような方法かもしれません。
しかし、本人にとっては、これまで自分を守ってきてくれた大切なコーピング（対処行動）です。**20年、30年、40年にわたって使い続けてきたコーピングを、そう簡単に手放すことはできません。そのことを理解する**のです。

すると、聴き手である僕たちの心がふっとゆるみます。
そして、たとえ相手から共感しにくい「攻撃的な発言」をぶつけられたとしても、それは相手が「自己防衛」をするために繰り出したコーピングなのだと受け止めることができるようになるはずです。これも共感です。相手が発した「言葉」に同感はできなくても、相手に「共感」することは可能なのです。

まとめ **相手から「攻撃的な発言」をぶつけられたとしても、それを「コーピング」だと理解すれば、共感することは可能です。**

がっかり、ということは、期待があった。積極的に食らいついてくれるという期待もありましたか？

あぁ。そうだったのかぁ……僕、すごく彼に期待していたんだと思います。彼、表面的にはあっさりしているんですけど、意外に仕事は丁寧だし、センスがいいんです。あぁ。そうかぁ。期待していたんだ……

もっと成長してほしい。それを彼も望んでいるはずだ、と思ったら肩透かしを食らったような……。自分の気持ちをわかってもらえなかったことが、少し悲しくもある……

はい。

あぁ。そうか。

悲しかったのかぁ……

ポロリ
私はそんな後輩思いの熱中さんが誇らしいですよ。

さすがはリーダーですね

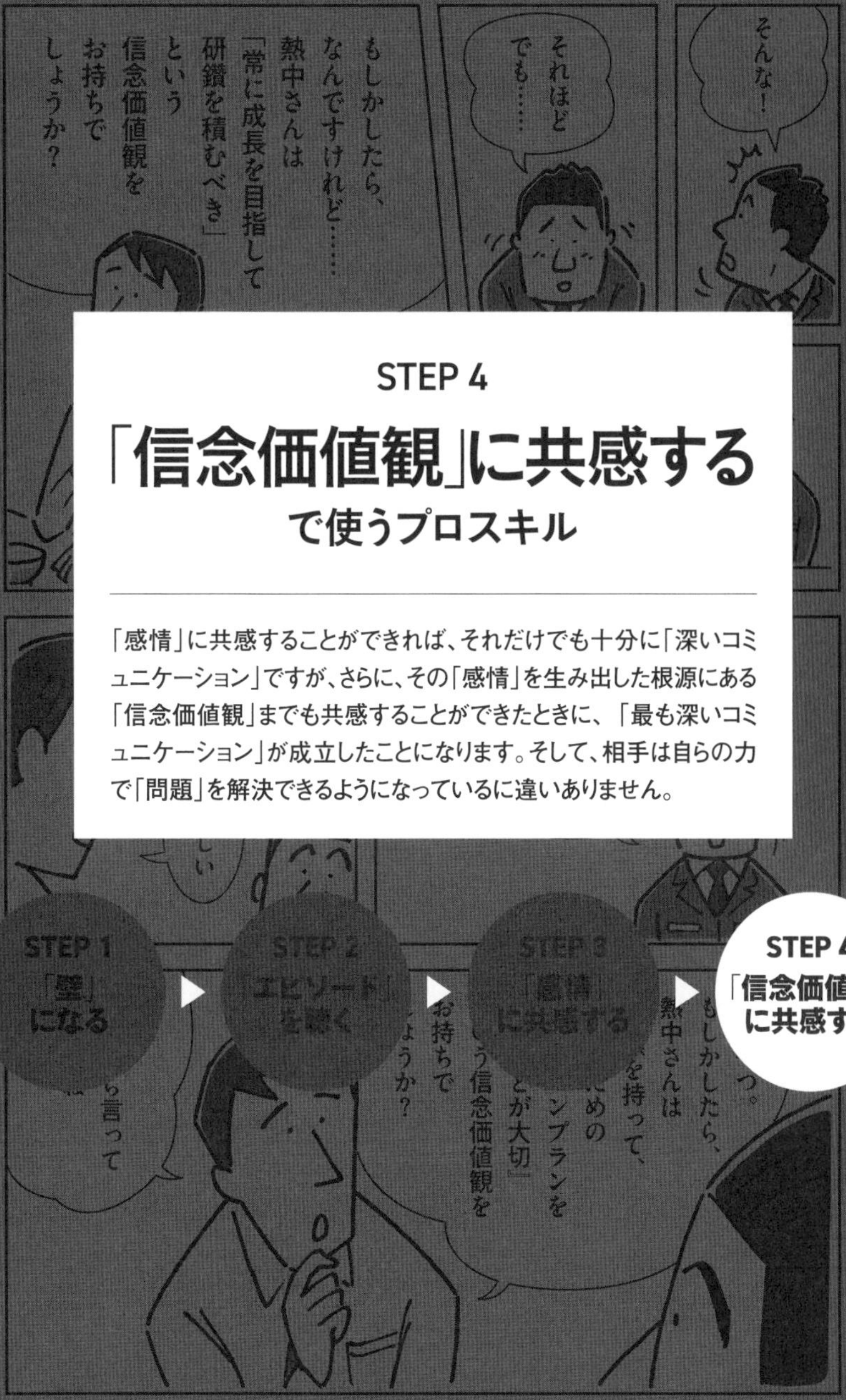

STEP 4

「信念価値観」に共感する

で使うプロスキル

「感情」に共感することができれば、それだけでも十分に「深いコミュニケーション」ですが、さらに、その「感情」を生み出した根源にある「信念価値観」までも共感することができたときに、「最も深いコミュニケーション」が成立したことになります。そして、相手は自らの力で「問題」を解決できるようになっているに違いありません。

STEP 1 「壁」になる ▶ STEP 2 「エピソード」を聴く ▶ STEP 3 「感情」に共感する ▶ **STEP 4 「信念価値観」に共感する**

Skill 32

「信念価値観のリスト」を頭に入れる

信念とは「正しい」と信じる考えのこと。

価値観とは「大切だ」と感じる考えのこと。

つまり信念価値観とは、「これが正しい。これが大切だ」と感じたり、信じたりする「考え方」や「基準」のことです。

例えば、「人に迷惑をかけてはいけない」「正直でなければならない」「勤勉に働かなくてはならない」「怠けては（休んでは）いけない」などなど。一見すると、それら信念価値観の多くは、人生を幸福に過ごすために有用であるかに見えますが、それが硬直化して絶対的なものになると、逆に人生が生きづらくなります。

僕たちは、幼少期～成人にかけて両親や学校の先生、そして会社の上司などから、さまざまな信念価値観をすり込まれます。だから、信念価値観を持っていない人はいません。そして、その数は少なくても数十から数百、千単位に及ぶことでしょう。

しかし、**それらの存在は、僕たちにとってあまりにも当たり前すぎて、「それが存在すること」にすら気づいていません。だからこそ、「自分の信念価値観が正しく、それに背《そむ》く行動は間違いだ」と断罪したくなってしまう**のです。

「すごい傾聴」では、その無自覚な信念価値観に聴き手がそっと触れて、それを否定せず受容し、**「あなたには、〇〇という信念価値観があるんですねぇ」とソフトな形で、話し手の気づきを促します**。

話し手は、無自覚な信念価値観が明確化されることで、自分の言動の背景にある「思い」に自ら気づき、硬直化した思考や執着心がふっとゆるむかもしれません。すると「あぁ、こうすればよかったんだ……」「こうしてみようかな……」などと、それまで気づかなかった選択肢が「降りて」くるのです。

熱中主任も、須豪山課長に「もしかしたら、熱中さんは『目標をもって、達成のためのアクションプランを描くことが大切』という信念価値観をお持ちでしょうか？」と尋ねられたことから、「常に成長を目指して、目標を立てて、アクションプランを立てて……それって当たり前のことだと思っていました」と自分の信念価値観に気づくとともに、「でも、全員がそうじゃない。僕は、自分の考えを軽井鴨さんにおしつけていたのかな……」

という洞察へと進むことができました。まさに、**無意識的にこだわっていた自分の信念価値観に気づくことで、「硬直化した思考」がふっとゆるんだ**わけです。

このように、「すごい傾聴」において信念価値観に気づくことは非常に重要なポイントです。そして、それができるようになるためには、まずは、どのような信念価値観があるかを知ることです。信念価値観は無数にありますが、代表的なものとしてニューメキシコ州にあるウイルボーン大学で作成された「パーソナルバリューカード」にある「65のリスト」が参考になるので、日本語に訳しておきましょう（Personal Values Card Sort W.R. Miller, J.C'de Baca, D.B. Matthews, P.L. Wilbourne University of New Mexico,2001）。

●受諾　●正確　●達成　●冒険　●身体的魅力　●権威　●自己決定　●美しさ　●面倒を見る　●変化　●快適　●約束を守る　●貢献　●協力　●礼儀正しさ　●創造性　●畏敬　●成長　●頼りになる　●環境適応　●興奮　●貞節　●誠実　●名誉　●家族　●健康　●身体的能力　●柔軟さ　●許す　●友好　●遊び　●希望　●謙虚　●ユーモア　●勤勉　●平安　●親密　●正義　●知識　●レジャー　●愛される　●愛する　●熟達　●今ここマインドフル　●反抗　●適度　●オープンさ　●一夫一婦　●秩序　●

情熱　●快楽　●人気　●権力　●目的　●責任　●合理性　●現実性　●リスクテイク
●ロマンス　●安全　●自己受容　●自己統制　●自尊心　●自己理解　●献身　●セク
シャリティー　●シンプル　●孤独　●スピリチュアルな成熟　●安定　●寛容　●伝統
●道徳　●裕福　●世界平和

このように、信念価値観にはさまざまなものがあります。そして、誰もが信念価値観にとらわれながら生きています。だから、信念価値観を表す言葉を次の例文に当てはめて、話し手に投げかけてみてください。きっと、その相手と「深いコミュニケーション」ができる時が訪れるはずです。

「もしかしたら……あなたは○○が大切だ、○○すべき、という信念価値観をお持ちでしょうか？」

まとめ　「信念価値観に共感する」ためには、どんな信念価値観があるかを知ることが大切です。

「エピソード×信念価値観＝感情」

話し手の語る内容に沿った「信念価値観」を探すには、どうすればいいのでしょうか？

アルバート・エリスの「論理情動行動療法」をもとに考えると、「感情」は「できごと」と直結しているわけではなく、「認知（信念価値観）」が決めていることがわかります。つまり、同じ「できごと・エピソード」を体験しても、「信念価値観」が異なれば、結果として発生する「感情」は異なることがわかります。

これを、次のような方程式として表現することができます。

「できごと・エピソード」×「信念価値観」＝感情

具体的に、「信念価値観」が異なる2人（Aさん、Bさん）を例に、同じ「できごと・エピソード」に対して発生する「感情」がどのように異なるかを見てみましょう。

●**Aさん：【できごと・エピソード】**元部下から手書きの年賀状を受け取った↓**【信念価値観】**義理人情が大切である↓**【感情】**じんわりと嬉しい

●**Bさん：【できごと・エピソード】**元部下から手書きの年賀状を受け取った↓**【信念価値観】**効率や能率こそが大切である↓**【感情】**時間の無駄を感じてイラッとした

さて、ここからが本題です。

「すごい傾聴」のプロセスでは、まず「できごと・エピソード」が語られ、ついで「感情」が語られます。つまり、先の方程式のなかで「信念価値観」だけが〝空白〟になっているわけです。ということは、「信念価値観」を探すためには、方程式を使って〝逆算〟すればいいということになります。つまり、

「信念価値観」＝「感情」÷「できごと・エピソード」

となるわけです。

もちろん、この方程式にある「÷」という記号には厳密な数学的意味はなく、「できごと・エピソードから感情が生まれた理由・原因を推測すれば、信念価値観が見えてくる」

というくらいに理解いただきたいと思います。

つまり、こういうことです。

先ほどのAさんの場合であれば、「元部下から手書きの年賀状を受け取った」という【できごと・エピソード】から、「じんわりと嬉しい」という【感情】が生まれているわけですから、「義理人情が大切である」とか「手間をかけることでこそ敬意は伝わる」とか「すべての部下を大切に扱うべき」といった【信念価値観】をもっていると〝逆算〟することができるでしょう。その「仮説としての信念価値観」を一つずつ、「もしかして、あなたは〇〇という信念価値観をおもちではないですか？」などと、話し手に確認していけばいいのです。

このように、「できごと・エピソード」を脳内で映像化できるくらいの解像度で聴き出すことによって、話し手がうちに秘めている「感情」を一つずつ明確にし、この二つから〝逆算〟することで、「信念価値観」も見えてくるというわけです。

ここでもう一つ注意いただきたい点があります。

それは、【STEP❹「信念価値観」に共感する】においては、かなりの頻度で論理的

「左脳」を使っているということです。これまで僕は、「すごい傾聴」においては、論理的「左脳」をできるだけ使わずに、感情的「右脳」を使うことをおすすめしてきましたが、ここではそうではありません。論理的「左脳」をバリバリに使うのです。

実際に、「すごい傾聴」を実践されるとすぐにわかると思いますが、15～30分間の傾聴の全プロセスにおいて、感情的「右脳」を使う割合が高いことは間違いありませんが、実は、要所要所で論理的「左脳」も使いこなさなければいけません。

つまり、**「すごい傾聴」の実践においては、感情的「右脳」と論理的「左脳」の両方を素早くスイッチさせながら、対話を進めていく、ある種の器用さが求められる**のです。だけど、心配しないでください。この器用さは、何度も繰り返し「傾聴」を経験することで、着実に磨かれていくはずです。だから、どんどん実践で試行錯誤していただきたいと願っています。

まとめ 「できごと・エピソード」×「信念価値観」＝「感情」という方程式から〝逆算〟することで、相手の「信念価値観」を推論することができます。

Skill 34

信念価値観に「主語」をつける

話し手の信念価値観に触れる時には、あまりにありきたりな表現をするのは避けたほうがいいでしょう。

例えば、「あなたは家族を大切にすべき、と思っているのですね」と言われても、あまりにも当たり前すぎて、「はぁ、まぁそうですが」というくらいの〝薄い反応〟しか返ってこないでしょう。それでは、「気づき」が起きませんし、「共感」も弱くなってしまいます。

そうではなく、**個性的な信念であればあるほど「そう！　よくわかってくれました！」と共感的になるでしょうし「あぁ、だから私は怒りが出たんですね！」などと気づきが起きる確率も高まる**でしょう。

では、どうすれば、そのような個性的な信念価値観を「言語化」することができるようになるのでしょうか？

その答えの一つが、信念価値観に主語をつけるという技術です。先に挙げた「家族を大切にすべき」というありきたりの信念に主語をつけると個性的になります。例えば、「父親たる者、家族を大切にすべき」と、「○○たる者」とするとメリハリがつきやすいでしょう。

さらに、**「具体性」を強めるのも効果的**です。例えば、「母親たる者、家族を大切にしなければならない」というよりも「母親たる者、家族に対していつも笑顔でいなければならない」などと具体性を強めると、信念価値観に個性が生まれて、相手に対するインパクトが増すと思います。そして、「共感」が強くなるとともに、「気づき」につながりやすくなるでしょう。このような、ちょっとした工夫をすることで、「すごい傾聴」の質は高まっていくのです。

まとめ 信念価値観はありきたりなものでは、共感されにくく気づきも起きにくいものです。個性的なものにするためには、「○○たる者××しなければならない」と主語をつけるとよいでしょう。

Skill 35

「もしかしたら、こう？」と謙虚に聴く

「信念価値観」を確認する時にぜひ使っていただきたい言葉があります。「もしかしたら……」という言葉です。須豪山課長も「もしかしたら、なんですけど……熱中さんは『常に成長を目指して研鑽を積むべき』という信念価値観をお持ちでしょうか？」と尋ねていますが、「もしかしたら……」という言葉で「謙虚な姿勢」を示すことには大きな意味があります。

信念価値観はその人の「人格」「性格」の一部です。だから、聴き手がぶつけた信念価値観が、押しつけがましく感じられたとしたら、それは相手を傷つけてしまう（侵襲的）ことになるからです。ですから、ソフトに、遠慮がちに言うことが大切。須豪山課長の「傾聴」で、熱中主任が心を開いたのは、その「謙虚な姿勢」も背景にあったのです。

さらに、「もし違っていたら教えてくださいね」という言葉も付け加えるといいでしょう。例えば、「これはあくまで推測なので、もし違っていたら教えて下さいね。もしかし

たらなんですが……あなたは○○たる者、××すべき、というような信念価値観をお持ちでしょうか？」などと聞けば、相手はそれを「押しつけがましい」と受け取ることはないはずです。

それだけではありません。

「もしかしたら……」という言葉で別の効果も期待できます。というのは、信念価値観に限らず、聴き手が話し手に「こうではないですか？」と確認する際には、必ず聴き手の推測が入るからです。僕たちには超能力はありませんので、常に「正確な推測」をすることは不可能。少なからず外れる場合があるのです。

だからこそ、「もしかしたら……」という言葉が生きてきます。**「外れているかもしれない」という前提に立った上で聴き手は質問しているわけですから、実際に「外れていた」としても、話し手は相手を傷つける心配をすることなく、「いや、ちょっと違うんですよね」などと否定することができます。**これが、「すごい傾聴」には重要なのです。

「あなたは○○という信念価値観をお持ちですか？」という質問が外れていても何一つ問題がないどころか、むしろ、それが有益ですらあるからです。外れたならば、それをきっかけに、話し手と聞き手が一緒になって、本当に話し手が持っている信念価値観を探していけばいいのです。むしろ、外れることで考えるきっかけが生まれるのです。例えば、こんな感じです。

聴き手「もしかして……○○たる者、××すべき、という信念価値観がありますか？」

話し手「うーん……。ちょっと違うかなぁ……△△すべき、という感じかもしれません……」

聴き手「あぁそうかぁ……なるほど。△△すべき、の方が近いんですね」

このように修正が入ることで、信念価値観が見つかる場合がよくあります。

それはいったん「××」という間違えた信念を相手にぶつけたからこそ見つかったとも言えるのです。ですから、**「外れる」ということにも大いに意味があり、話し手に貢献したことになる**のです。

そのためにも、聴き手には謙虚さが欠かせません。

聴き手が謙虚だからこそ、話し手は「間違えたこと」に目くじらを立てることなく、一緒になって信念価値観を探そうとしてくれるのです。謙虚に、遠慮がちに語っている限り、外れたとしても話し手は肯定的に受け止めてくれるでしょう。「的確ではないかもしれないけれど、聴き手は私のことを一所懸命に理解しようと努めてくれた」。このようにポジティブに受け止めてくれるのです。**決めつけず、押しつけず、謙虚に、遠慮がちに伝えることが大切**なのです。

まとめ 信念価値観を伝える際には「もしかしたら」を使いましょう。押しつけたり決めつけたりせず、謙虚に確認していれば、たとえ外れても話し手は肯定的に捉えてくれます。

Skill 36

「信念価値観」を転がす

信念価値観を確認するときには、できれば一つだけでなく三つ以上確認するようにします。人は誰しも数百もの信念価値観を持っているのが普通なので、一つだけ確認しただけでは、「共感」や「気づき」につながりにくいからです。

ただし、一つ目の信念価値観を確認したあとに、すぐに別の信念価値観を提示するのはやめたほうがいいでしょう。それよりも、**「違っていませんか？　どうですか？」とすりあわせる過程で、話し手が返してくれる言葉の中に、別の信念価値観を推測するヒントを探す**のです。

そして、そのヒントを見つけたら、それを手がかりに、連続的に二つ目、三つ目の信念価値観を見つけます。僕は、これを「転がす」と呼んでいます。【Ｓｋｉｌｌ㉙】で、ある感情の陰には必ず二つ目、三つ目の感情があると書きましたが、それは信念価値観も同じです。それを、話し手の言葉からつかみ取ればいいのです。

須豪山課長もそうです。彼が「もしかして熱中さんは『常に成長を目指して研鑽を積むべき』という信念価値観がありますか？」と尋ねると、熱中主任は「はい。もちろん。エンジニアたるもの、当たり前のことだと思っています」と返しました。この言葉の中に新たなヒントがあります。

「当たり前」という言葉がそれです。「研鑽を積むのが〝当たり前〟」ということは、それをより具体的にした行為、この場合で言えば軽井鴨さんがプロジェクトマネジャーになるために研鑽するのも「当たり前」であると熱中主任が考えていることが想像できます。

そこで、須豪山課長はこう転がしました。「もしかしたら、熱中さんは『目標を持って、達成のためのアクションプランを描くことが大切』という信念価値観をお持ちでしょうか？」。こうして、二つ目の信念価値観を提示したわけです。

感情の共感にせよ、信念価値観の共感にせよ、すりあわせをする過程で必ずや第2、第3のヒントが提示されます。感情や信念価値観を提示したらその返事の中に次のヒントを探しましょう。そして「転がす」のです。

まとめ 相手の信念価値観の説明の中に、二つ目、三つ目の信念価値観は潜んでいます。

Skill 37

信念価値観に紐づけて「感謝」する

「すごい傾聴」もいよいよ終盤です。

傾聴を締めくくる時には、話し手が話してくれた信念価値観に紐づけて、「感謝の言葉」で終わるといい感じになるでしょう。須豪山さんが最後に口にした、「いつも向上心にあふれ後輩思いの信念価値観を持つ熱中さんがリーダーでいてくれて本当によかったなぁ、と思いました。また、話しましょうね」という言葉がそれです。

このように、「○○という信念価値観を持っている××さんが△△でいてくれて本当によかった（頼もしい）」「○○という信念価値観を持っている××さんと一緒に働けて（同じチームで居られて）嬉しく思います」というのを、「感謝の言葉」の基本フォーマットにするといいでしょう。これを自然に、心を込めて伝えることで「すごい傾聴」の締めくくりになります。

ポイントは、**傾聴のプロセスで、話し手と一緒に発見した信念価値観をもう一度持ち出して、「感謝の言葉」と紐づける**ことです。単なる感謝の言葉で終わってしまっては、これまで「対話」してきた15〜30分の時間の意味がありません。**「対話」によって明らかになった信念価値観と紐づけるからこそ、一緒にすごした「時間」に意味が生まれる**のです。

研修講師の僕は、「すごい傾聴」研修のなかで、必ず上司役として受講生の一名を相手に1on1のデモンストレーションをします。実際に15〜30分程度上司役として傾聴をして、最後にこのフォーマットで締めくくりをすると、初対面であるにもかかわらず、この一言に感動して涙を流される方が何人もいらっしゃいました。

それほど、「感謝の言葉」というものは人の心に響くのです。「すごい傾聴」の設計思想には、**「どんな信念価値観も素晴らしいものである」**という哲学があります。それが話し手に伝わる時に、ちょっとした感動とともに、すがすがしさのようなものを感じていただけるのだと思います。ぜひ、皆さんにも試していただきたいと思っています。

まとめ 「○○という信念価値観をもっている××さんでよかった」と感謝しましょう。

Skill 38

「話してみてどうですか?」と聴く

「すごい傾聴」は、「信念価値観に紐づけて感謝する」ことで締めくくるのが基本フォーマットです。

しかし、いったん終わった後に、それまでの「対話」の余韻をゆっくり味わうために、「ここまで話してみてどうですか?」と振り返りをするのもいいでしょう。**話し手は15～30分の対話の全体を振り返ることによって、改めて「新しい気づき」が起きるかもしれません。**

言い方としては、「ここまで話してみてどうですか?」だけではなく、「ここまで話してみて、何か気づいたことはありますか?」としてもいいでしょうし、あえて曖昧な感じで、「話してみてどんな感じですか?」と尋ねてもいいでしょう。

このような投げかけは、心理療法においてもよく使われます。

締めくくりの振り返りだけでなく、傾聴の途中段階で何度か繰り返し使われることもあります。その時々でさまざまな気づきが起きることは決して珍しくないからです。

ただし、本書で提唱する「すごい傾聴」は【STEP❶「壁」になる】から【STEP❹「信念価値観」に共感する】までの全体の流れがデザインされているため、途中で「振り返り」の質問は差し込まないほうがいいでしょう。

というのは、STEPの境目などで、「ここまで話してみてどうですか？」と質問を入れると流れが変わってしまうからです。そこで、全体のプロセスが完了してからの「振り返り」に使うことをお勧めします。最後の「振り返り」で気づきがさらに深まり、次回以降の対話がさらに楽しみになることでしょう。

まとめ 最後に「対話」を振り返ることによって、さらに深い「気づき」が起きることもあります。

Skill 39

最後にそっとつぶやく

「すごい傾聴」のマンガの最後で、須豪山課長が自分の「燃え尽き症候群」になった体験を語っていたのを覚えているでしょうか？　熱中主任に対する「傾聴」を終えた後で、余韻に浸るかのようにしみじみと語っていたあのシーンです。さて、あれはいったい何だったのでしょうか？

僕はこれを「つぶやき」と呼んでいます。「つぶやく」を辞書で引くと「小さい声でひとりごとを言う」と出てきます。まさにそんな感じです。

須豪山課長は、熱中主任の悩みをきちんと傾聴しました。そして二人の間に親密さと暖かさがあふれました。その余韻の中で、「語り手にとって有益だと推測される情報提供や自己開示」を「小さな声」で「ひとりごと」のように語るのです。それは決して「大きな声」ではありませんし、相手に対する「教示」でもなければ「押しつけ」でもありません。

相手が受け取るかどうかは相手に委ねる。言葉を「そっと並べる」イメージです。

あるいは、「ぶら下げる」と言ってもいいでしょう。相手に渡すでもなく、二人の間に言葉をぶら下げておく。相手が持って帰ってもよし、置き去りにしてもよし。

また、宅配便の「置き配」にたとえてもいいでしょう。宅配便の段ボールの中に聴き手の「情報提供」や「自己開示」が入っています。それを玄関をこじ開けて相手に渡すのではなく、そっと玄関の外、ドアの前に置いておくのです。そして、玄関の内側に入れるかどうかは、相手が自分で決める。そんなイメージです。

ポイントは、「すごい傾聴」の途中で「つぶやき」を挟まないこと。デザインされた流れが壊れるからです。あくまでも、**すべてのプロセスが終わった余韻の中でそっと行うこと。小さな声でひとりごとのように、「そっと並べ」たり、「ぶら下げ」たり、「置き配」をしたりする**のです。この控えめな「つぶやき」が、「すごい傾聴」をさらに深めます。必ずする必要はありませんが、そっと「つぶやき」たくなったときは、この原則に基づいて伝えてみて下さい。

まとめ 最後にそっと「ひとりごと」をつぶやくと、さらに「傾聴」が深まります。

第4章

「すごい傾聴」は“どこ”から来たのか？

「すごい傾聴」は小倉広のオリジナルの技法です。しかし、その方法論は伝統的な「心理療法」にその出自を求めることができます。本書では、「すごい傾聴」が特に大きな影響を受けた「心理療法」について解説をします。ごくごく簡単な解説ですが、深淵なる“源”の一端に触れていただければ幸いです。

「人間性心理学」が源流である

心理学の流派は大きく分けて三つに分類されます。

一つ目は、人間の行動は学習されたものであり、「ごほうび（好子）」や「罰（嫌子）」を与えることにより、行動が「強化（促進）」されたり「弱化（阻害）」されるというスキナーが発見した第一世代にあたる「オペラント条件づけ」、アルバート・エリスが提唱した「認知（意味づけ）」が行動や感情に影響を与えるという「論理情動行動療法」に影響を受け発展した第二世代「認知行動療法」、そして、そこに「マインドフルネス」や「アクセプタンス」などの概念が加えられた第三世代などを総称する「行動療法」、別名「学習理論」です。

二つ目は、ジークムント・フロイトが創始者である「精神分析」です。

フロイトは、人は無意識によって行動が左右されると考え、無意識下に抑圧された葛藤などを意識化することで症状が減っていくという仮説に基づく臨床カウンセリングの基礎を築きました。

そして三つ目が、「すごい傾聴」の出自にあたるカール・ロジャーズやアブラハム・マズロー、フレデリック・パールズ、ロロ・メイらによる第三勢力「人間性心理学」です。「人間性心理学」は、第1章で解説したロジャーズによる「実現傾向」という前提に基づいた心理学の体系であり心理療法です。「実現傾向」とは、**「人はジャガイモの芽が太陽の方へ自然に伸びるように、自然と自分が持っている能力を発揮する方向へ進んでいく生物である」**というもの。そして、**「問題が起きるのは、本来持っている自分らしさを発揮する実現傾向が阻害された状態であり、大切なのは本来の自分をありのままに発揮できるようなサポート（その重要な一つが傾聴）をし、その人が自分らしく生きていけるような環境を用意することである」**と考えられているのです。

このロジャーズによる傾聴は、あらゆる種類の「心理療法」の基礎にあたります。ロジャーズは、アメリカ心理学会によるアンケート「最も影響力のある心理学者」で第1位になるほど、世界中のカウンセラーに大きな影響を与えています。

そして、僕が提唱している「すごい傾聴」は、このロジャーズによる「来談者中心療法（のちに「人間中心アプローチ」）」を土台にして、同じく人間性心理学の創始者の一人であり、シカゴ大学でロジャーズの研究パートナーでもあったユージン・ジェンドリンの

「フォーカシング指向心理療法」、フレデリック・パールズ、ローラ・パールズらによる「ゲシュタルト療法」、アルバート・エリスによる「論理情動行動療法」、アルフレッド・アドラーによる「アドラー心理療法」などを組み合わせ、簡素化した体系です。

「すごい傾聴」は、誰もが知っているような著名な心理学者による心理療法を組み合わせて作られているため、背景となる理論や哲学がしっかりとある安心できる内容です。

そして、このような**本格的な心理療法の組み合わせであるにもかかわらず、心理学を体系立てて学んだことがない普通のビジネスパーソンや一般の人々でも、失敗なく実現できるよう設計されています。**

現代はＶＵＣＡな時代と言われています。ＶＵＣＡとは、〝Volatility（変動性）〟〝Uncertainty（不確実性）〟〝Complexity（複雑性）〟〝Ambiguity（曖昧性）〟という四つの単語の頭文字をとった言葉で、目まぐるしく移り変わる予測困難な状況を意味します。

このように先が見えない時代だからこそ、心理的安全性を実現し、皆が忖度なく本音で話し合い、方向を定めることが非常に重要になっています。「すごい傾聴」はそんな現代社会のニーズに応えるべく設計された、「出自」が確かな心理療法から来ている信頼できる「聴き方」の体系なのです。

「フォーカシング」の考え方

「フォーカシング指向心理療法（以下フォーカシング）」は、哲学者であり、カール・ロジャーズの研究パートナーでもあるユージン・ジェンドリンが提唱した心理学の体系であり心理療法です。

ジェンドリンは、第1章で解説した通り、効果があるカウンセリングでは、「クライエントの中で起きていることや語られる内容に一定の法則があること」を発見しました。

そして、効果があるカウンセリングが実現されるための方法を具現化し「フォーカシング指向心理療法」の理論と手順を明らかにしました。では、その簡易バージョンである「フォーカシング・ショート・フォーム」（Gendlin, 1981/2007）の手順を参考までにご紹介しましょう。

① クリアリング・ア・スペース：雑念や気がかりを表現して心にスペースを空けます

② フェルトセンス：①から一つ選び、言葉にならない感覚＝フェルセンスとして感じてみる

③　ハンドル表現：フェルトセンスに名前（メタファーや脳幹言葉でも可）をつけます

④　響かせる：「ハンドル表現」を響かせて「体験過程」の更新を試みる

⑤　問いかけ：「②③は何でしょう？」「何を伝えていますか？」など問いかける

⑥　気づきを受け取る

そして、この「フォーカシング」が「すごい傾聴」の主要な源流の一つとなっているのです。どういうことかご説明しましょう。

「すごい傾聴」におけるゴールの一つ目は、「感情に共感する」ことです。その具体的な手法は、**言葉で明示されていない「曖昧な感覚＝フェルトセンス」を「言語化（感情の明確化・意味の明確化）」することで気づきや共感をもたらす**ことです。

フェルトセンスとは、「気がかりなこと」がある状況において僕たちが感じる、うまく言葉にならない「曖昧な感覚」のことを指します。

例えば、「胃がずーんと重いような感覚」「背中がぞわぞわとする感じ」「通りの角から魔女にのぞき込まれているような感じ」「砂時計の砂がもうすぐ落ちきってしまいそうな感じ」など、人によってさまざまな表現をされますが、このフェルトセンスを糸口にコミュニケーションを深めることで、そこに込められた「感情の正体」や何かしらの「メッセージ」がわかる瞬間が訪れます。

例えば、こんな感じです。

「そうか。砂時計のように残り時間をサラサラと心の中でカウントダウンして（フェルトセンス）焦っている（感情）いや心配している（感情の更新）……違う。砂が落ちきってしまう淋しさ（感情の更新）あー人生残り少ない老いを感じて、淋しくなっていたのか！そうか、うん。そうだ。そうだったのか……」

このように、フェルトセンスを糸口に、心の奥底にある感情を探り当てて、それに共感することができるようになるわけです。

この「すごい傾聴」で行われるプロセスは、細かな違いはあれど大きな流れは「フォーカシング」と同じです。その意味では、「すごい傾聴」の一連の技法は、専門的な訓練を受けていない一般の人々が「フォーカシング」に近い体験ができるようになるための技法と言い換えることができるかもしれません。

「体験過程」の考え方

また、「フォーカシングの理論」のベースになっているのは、同じくジェンドリンが哲学者のディルタイに影響を受け表した「体験過程」です。

第3章の【Skill❾】で書いたように、通常僕たちは、「体験▼理解▼表現」の順でコミュニケーションをしていると思っています。つまり、僕たちが表現する「言葉の意味」は、僕たちの中に「既にあり」、それが発露されるのが「表現」であるという考え方です。

しかし、ジェンドリンは「そうではない」と考えました。それが「体験過程」、すなわち僕たち人間は「体験▼表現▼理解」の順番でコミュニケーションをしていると考えたわけです。

僕たちは考えがまとまっていない（つまり「理解」がまだ発生していない）状態で、「表現」します（つまり話し始めます）。そして、話しているうちに「あー、そう、そう！私が言いたかったのはそういうこと！」と「理解」を創造しているのです。さらに、話し続けるうちに「あ！　うん。ちょっと違ってた。やっぱりこういうことを言いたかったんだ！」と「体験過程」を何度も更新し気づきを深めていきます。

僕たちのコミュニケーションが、このようにジェンドリンが提唱した「体験過程」や「フォーカシング」の概念に沿っているという実感をお持ちの方は多いでしょう。

なぜなら、**僕たちは、自分の奥底にどんな「感情」が存在しているのかを知らないまま、「砂時計の砂がもうすぐ落ちきってしまいそうな感じ」などといった「フェルトセンス」を表現することによって、その奥底にあった「感情」や「メッセージ」にたどり着くことができる**からです。

このように、「すごい傾聴」は、すべての土台骨格としてカール・ロジャーズによる「来談者（人間）中心アプローチ」を置きながら、それに次いで大きな啓示を「フォーカシング」や「体験過程」から受けていると言えます。

「ゲシュタルト療法」の理論とアプローチ

「ゲシュタルト療法」とは、心理学者のフレデリック・パールズとローラ・パールズらにより体系化された理論の体系であり心理療法です。ゲシュタルト療法は「気づき」の心理療法と呼ばれています。

「ゲシュタルト療法」のプロセスにおいては、クライエントの「あるべき姿」は探しません。「取るべき行動」も考えません。「ワーカー」と呼ばれるクライエントが、「ファシリテーター」と呼ばれる心理療法家の支援を受けながら、「今ここ」における嘘偽りのない「素の自分」でい続けることだけに集中するのです。

もちろん、そのためにはファシリテーター自身も、**〝いい人〟のふりをしたり、「役割演技」をしたりするのではなく、「素のままの自分」でい続けなくてはならないことは言うまでもありません**（第1章の【Rule❷】参照）。

そして、「ワーク」と呼ばれる公開形式での心理療法を通じて、「ワーカー」が隠していた、もしくは無意識に目を背けようとしていた、もしくは偽ろうとしていた、本当の自分の「気持ち・感情」に気づくお手伝いをしていくのです。

その際に、**「ファシリテーター」が頼りにするのは、「ワーカー」の身体感覚**です。例えば、ワーカーの右手が揺れていたとしたらファシリテーターは表現を促します。「もしも右手が言葉を話すとしたら何と言っていますか?」。すると「右手ですか……そうですね、うーん……わかりました。『やってられるか！』と言っています」。ファシリテーターがさらに促します。「何がやってられない？」。ワーカーはそこで気づきます。「あぁ。おそらくそれ、仕事のことです。実は今やっているプロジェクトの意義や意味がわからなくて。惰性でやっているんです。本当は意義が感じられない仕事なんてやりたくない。あぁ。この右手、ふてくされた感じです」。このように身体感覚を手がかりに、言葉以外の体のメッセージを言語化していく過程で気づきを促していくのです。

それは、**過去や未来に関する「思考」に偏りがちな「ワーカー」の脳の使い方を、「今ここ」中心の感情に戻すためにも有効**です。「すごい傾聴」の理論や技法もまた、この「ゲシュタルト療法」から大きなヒントを受けています。

フレデリック・パールズ（1893～1970）

ドイツ系ユダヤ人の精神科医。妻であるゲシュタルト心理学者ローラ・パールズ、作家のポール・グッドマンらとゲシュタルト療法を創始し、全米各地で研究所を開いた。中でもカリフォルニアにあるエサレン研究所は若者たちのメッカとなり、エンプティーチェアなど劇的な効果を生む技法と相まって、同療法が世界へ広まるきっかけとなった。

「未完了」させ「図と地」の反転を促す

「ゲシュタルト療法」における「ワーク」と呼ばれるプロセスの全体は、「未完了を完了させていくこと」だとも言えます。

人は未完了が残っているとその次のステップ、新しい事柄に向かうことができません。そこで潜在意識に残っている「未完了の体験（幼少期〜最近のことまで）」を「サイコドラマ（心理劇）の手法」を用いながら、「今ここ」で再現し完了させていくのです。

また、同時にそれは「ルビンの壺」における「黒い壺」の部分もしくは「白い人の顔の部分」のいずれか意識されている部分（「図」と表現します）と、無意識に沈んでいたもう片方の部分（「地」と表現します）とを逆転させる気づきのプロセスであるとも言えるでしょう。

例えば、ワーカー（W）が「自分で家事を全然やらないくせに威張ってばかりで。私だって仕事をしているのに。もっと進んで家事をやってよと思います」などとパートナーへの不満ばかり言っていたとします。ここでは、こうした不満が、Wの中で潜在的に意識化された「黒い壺」にあたる「図」だとしましょう。そして、ファシリテーター（F）は、さまざまなアプローチで「白い人の顔の部分」にあたる「地」に意識を向けさせ、全体

（ゲシュタルトと言います）に気づくサポートをするのです。

F「もし相手が家事をするようになったら、あなたは何をしたいかをパートナーに語りかけてみて下さい」

W「わかりました。ねぇあなた。私だって働いているんだから平等に家事ぐらいやってよ。あなたがちゃんとしてくれないから私、本当はやりたい仕事に手を挙げることができてないのよ。……（沈黙）……あ！　わかりました！　私『パートナーが家事をしないこと』に怒っているのではありません。私が家事を気にしていて、本当はやりたい仕事にチャレンジできていない『私自身』に腹が立っているんだとわかりました」

このようにワーカーは、それまで無意識に沈んでいた「白い人の顔の部分」に気づくわけです。

ルビンの壺

「フォーカシング指向心理療法」が、主に「言葉（ナラティブ）」を主体に進めるのに対して、「ゲシュタルト療法」は身体感覚や身体の動き、姿勢に焦点を向けたり、サイコドラマで演劇を瞬間的に用いたり、非常にダイナミックに進行していきます。

「すごい傾聴」は心理療法ではなく、ビジネスパーソンや一般の人々が、ビジネスや日常生活で用いることを前提に設計されているので、「ゲシュタルト療法」のダイナミックかつ難解な技法をそのまま使うことは多くありません。

しかし、その「理論」や「哲学」「技法」「思想」などにおいて、「フォーカシング」と並んで多くのヒントをいただいています。その意味では、間違いなく「すごい傾聴」の源流の一つであると言えるでしょう。

「論理情動行動療法」の理論

1965年に公開された「グロリアと三人のセラピスト」という有名な記録映画をご存じでしょうか？　グロリアという実在の女性が、当時すでに大御所として認められていた3名の心理療法家の心理療法を受けるという画期的な記録映画です。

登場する療法家は、「来談者中心療法（後に人間中心アプローチ）」のカール・ロジャーズ、「ゲシュタルト療法」のフレデリック・パールズ、そして「論理情動行動療法」の創始者であり、現代医療分野で最も活用されている心理療法の一つである「認知行動療法」に大きな影響を与えたアルバート・エリスの3名。日本語訳はありませんが、英語のままであればYouTubeで公開されているので、興味がある方はご覧になるとよいでしょう。

そして、「すごい傾聴」が源流としている四つの心理療法のうちの三つが、この記録映画で取り上げられています。ここでご紹介するのは、その三つ目である心理学者アルバート・エリスによる「論理情動行動療法」です。

「論理情動行動療法」は、「イラショナルビリーフ」と呼ばれる「非合理的信念」が神経症的な症状や感情を生み出していると仮定し、その「非合理的信念」に対して論駁《ろんばく》することによって治療を進めていきます。

エリスは大前提として、**『できごと（activating event）』そのものが、感情、行動を**

アルバート・エリス（1913〜2007）
アメリカの臨床心理学者。「論理情動行動療法」の創始者として知られる。アーロン・ベックが創始した「認知療法」とともに、今では「認知行動療法」と呼ばれている分野の礎を築いた。アメリカの臨床心理学者のあいだで、フロイト、カール・ロジャーズと並ぶ、三大心理療法家の一人として評価されている。

ダイレクトに生むのではない」と考えました。『できごと』をどのように認知、解釈し意味づけるか」という「ビリーフ（belief)」、つまりは「信念価値観」が、「感情（feeling，emotion)」や「行動」を生むと考えたのです。

この考え方は、現代心理療法の主流の一つで、アーロン・ベックによる「認知行動療法」に大きな影響を与えました。そして、この「論理情動行動療法」にヒントを得たのが「すごい傾聴」です。

【第2章 Point㉑】を思い出してください。

僕たちは、「人に迷惑をかけてはいけない」「目立ってはいけない」「目上の人の言うことを聞かなければならない」「相手に合わせなくてはいけない」などの「信念価値観」を持って生きています。

ところが、それらが「生きる知恵」として柔軟に活用されている分には問題はありませんが、幼少期に無意識に心に刻まれ、大人になっても自覚化されていない「信念価値観」は、得てして融通の利かない凝り固まったものになりがちです。そして、熱中主任が「自分の価値観を軽井鴨さんに無意識的に押しつけていた」ように、無自覚な「信念価値観」によって対人関係を困難なものにしてしまうことがあるのです。

つまり、**「信念価値観」が「行動」を生み出しているのであり、その「行動」が対人関係を困難なものにしているということ。**これはまさに、アルバート・エリスらが説く「論理情動行動療法」と同様の考え方なのです。

「信念価値観」を肯定する

ここでひとつ注意していただきたいポイントがあります。第3章の【STEP❹「信念価値観」を聴く】で書いた「信念価値観に共感する」というプロセスは、エリスらによる「論理情動行動療法」とは少し違うニュアンスです。エリスらの心理療法は精神疾患もしくは軽度の神経症の治療という観点から設計されているため、信念価値観の中で非合理的なもの、すなわちビリーフのよくない側面だけを取り上げて、それを反駁することで修正していくというスタイルを取ります。つまりこれは【第2章 Point㉓】で掲げた「治療モデル」の発想です。

一方で僕が設計した「すごい傾聴」は「成長モデル」で設計してあるため、信念価値観はすべてこれまでの困難を乗り越えるために必要だったコーピング（対処行動）であり、素晴らしいものであるという思想で設計しています。

「すごい傾聴」においては、傾聴の締めくくりとして、話し手が言葉にしてくれた「信念価値観」に紐づけて「感謝の言葉」を伝えるわけですが、ここでの最大のポイントは、「どんな信念価値観も素晴らしいものである」ということにあります。

つまり、**「信念価値観」に問題があるのではなく、自分が「どんな信念価値観を持っているか」に気づけていないことに問題があるという考え方**です。そして、自分が「どんな信念価値観を持っているか」を自覚できれば、その「信念価値観」へのこだわりは自然とゆるんでいくのです。

ですから「すごい傾聴」においては「信念価値観」を否定する必要はありません。

むしろ、それを肯定することによってこそ、「信念価値観」への固執が解きほぐされていくと考えるのです。

つまり、須豪山課長が「すごい傾聴」の締めくくりとして、「いつも向上心にあふれ後輩思いの『信念価値観』を持つ熱中さんがリーダーで居てくれて本当によかったなぁと思いました。また、話しましょうね」と伝えることには、熱中主任が自分の「信念価値観」を肯定する後押しをする上で、非常に重要なプロセスだということができます。

しかも、自分の「信念価値観」を認めてくれた須豪山課長に対して、熱中主任は強い

「信頼感」を抱くでしょう。そして、**この「信頼感」が、職場における「心理的安全性」の源となる**のです。

実際、グーグル社は「相手の信念価値観を知ることが、リーダー、マネジャーにとって大変重要であり、それを行う場が1on1などの企業内対話の場である」という考えで経営されています。同社は経営の最重要事項として、「心理的安全性の高い職場づくり」を目指しており、そのためには、リーダー、マネジャーがメンバーの「信念価値観」を知る必要があると考えているわけです。

ともあれ、ここまで述べてきたように、「すごい傾聴」は、アルバート・エリスによる「論理情動行動療法」などの心理療法の流れを汲む、本質的な手法であり、同時に現代の企業経営の潮流にもマッチしていることがご理解いただけることと思います。

アドラー心理学の「早期回想分析」

「アドラー心理学」は、アルフレッド・アドラーにより創始され、門下生らによりまとめられた心理学の体系であり心理療法の一つです。

アドラー心理学は、中核思想として「共同体感覚」を据え、それに付随する理論として「全体論」「目的論」「社会統合論（対人関係論）」「認知論（仮想論）」らが置かれ、それらをもとに論理構成されています。そして、アドラー心理学に基づく心理療法を行う際にもっとも重視されているのが、「勇気づけ」と「早期回想分析」です。

「すごい傾聴」は、この「早期回想分析」の技法を、第3章の【STEP❷「エピソード」を聴く】に活用しています。

「早期回想」とは、物心がついてから10歳くらいまでの間で思い出す〝The Most Vivid Scene（最も印象に残っている、ある日、ある所で、一度だけ起きた「エピソード」）〟を語ってもらい、それを詳細に再現しながら、語り手のパーソナリティーを分析し治療に活かす技法です。

その特徴は、**「いつ、どこで、誰が、何をしたか、何を語ったか（セリフ）」を詳細に再現する**ことにあります。

例えば、場所が「リビング」なのか、「台所」なのか、「玄関」なのか。そこには、どのような「家具」が、どこに「配置」されており、その「素材」や「色」は何であったのか。

「窓」はあったのか、そこから見える「景色」はどのようなものであったか。その部屋のどのあたりに座っていたのか、などを詳細に確認。そして、その真骨頂が、そのエピソードで語られた登場人物（例：母親と息子など）の詳細なセリフの「掛け合い」や「やりとり」を余さずすべて詳細に再現することにあります。

そして、そのエピソードをもとに、クライエントのパーソナリティー（アドラー心理学ではライフスタイルと呼びます）を信念価値観の集合体（自己概念、世界像、自己理想）として明らかにし、それに気づくことで自然と信念価値観が変化していくことを促すという手法をとります。

「すごい傾聴」でも、〝The Most（最も感情が動いたエピソード）〟を丁寧に映像

アルフレッド・アドラー（1870～1937）

オーストリアの精神科医、精神分析学者、心理学者。フロイトやユングと並び称される深層心理学三巨頭の一人であり、人間性心理学の源流とも呼ばれる。アドラーはフロイトの共同研究者だったが、のちにフロイトのグループとは完全に決別し、アドラー心理学を創始。「全体論」「目的論」「社会統合論」「認知論」などの概念を提唱した。

化しながら再現するとともに、その場面で交わされたセリフを詳細に聴き出しますが、これはまさに「早期回想分析」の技法を取り入れているわけです。

本書で繰り返し述べてきた通り、現代のビジネスパーソンや一般の人々は、自らの感情に気づくことや、それを言葉で表現することがたいへん苦手です。

そこで、話し手と聞き手がともに感情に気づくための「ブリッジ（架け橋）」として、このアドラー心理学によるエピソードを語る技法を取り入れたのです。それにより、訓練を受けた心理学に詳しい心理療法家でなくても、本物の心理療法と比べても遜色がないほどの効果を手にすることができるようになりました。

それは、**エピソードを聴くことにより、話し手と聴き手の感情にコンタクトできるようになった**からです。このように、「すごい傾聴」の四つ目の源流は「アドラー心理学」の「早期回想分析」なのです。

あとがき　「傾聴」で100点を目指さない

本書を最後までご精読いただきありがとうございました。最後に皆さんに簡単なメッセージをお伝えさせていただいてペンを置こうと思います。

メッセージは三つあります。

一つ目のメッセージは、**「すごい傾聴」で100点満点を目指さないでください**ということです。

たしかにVUCAな時代と呼ばれる現代、1on1など部下と対話をするコミュニケーション技術はますます重要性を増しています。

しかし、**皆さんの専門分野はカウンセラーではありません。皆さんはそれぞれの業界でのそれぞれの職種の専門家であるわけです。傾聴だけが皆さんの仕事ではありません。ですから、30点、40点でも十分なのです。**

安心してください。

「すごい傾聴」は、30点、40点でも十分に効果が出るようにあらかじめ設計されています。ですから皆さんが、「あぁ。何回やってもうまくいかない……」と劣等感を感じたとしても、おそらく部下の方々は「以前よりも話を聴いてくれるようになった」と感じているに違いありません。

100点満点の途中経過としての30点、40点として受け容れるのではなく、**このままずっと30点、40点でも十分以前よりもよい傾聴ができている、とある意味開き直って継続して使っていただきたい**のです。

二つ目のメッセージは、**「すごい傾聴」をフランス料理のフルコースディナーのように、完璧な4ステップ全部を使う必要はない**ということです。

第3章の【STEP❶〜❹】の一部だけをアラカルト料理のように、一皿だけ使ってみていただいても効果があるということです。例えば、「今日はステップ2の『エピソードを聴く』だけでも使ってみようかな」とか、「今日はステップ3の『感情に共感する』だけでも使ってみるか」など。それでも十分効果は出ます。ぜひお気軽に使っていただきたいのです。

そして、最後となる三つ目のメッセージは、「すごい傾聴」をすでに実践してくれている「マンガ　スベる傾聴」の主人公・滑川課長からいただいたお手紙を披露させていただきたい、というものです。

著者の僕は、本書の巻頭でスベりまくっていた滑川課長がその後どうしているのかが気になって仕方がありませんでした。そこで、本書が印刷される少し前に出版社を通じて滑川課長にこっそり原稿をプレゼントしたのです。そして、滑川課長からこのような返信をいただいたことを皆さんにご報告したいのです。

「小倉さん！　原稿のプレゼントをどうもありがとう！

お陰様で、なぜ自分の傾聴がスベりまくっているのか、よ〜〜〜くわかりましたよ。

そして、小倉さんからの二つのメッセージ、しかと受け取り、すでに！　実践していますよ。満点でなくても効果が出る。これホントです！　アラカルトで部分的に使ってもいい。これもすでに実感しております！　そして、すでに毎日『すごい傾聴』を使いまくっていますよ〜。お陰様で、心なしか熱中主任の視線が優しくなったように感じていますよ

～。そして、この本がたくさんの方に読んでいただけことを心から祈念しています。

あ、最後に一つだけお願いがあります。もしできればでいいのですが……巻頭のマンガですが、あれ「すごい傾聴」を使いこなしている今の私の成功ストーリーに書き換えていただけませんでしょうか？　ぜひ検討いただきたいです。よろしく頼みます！」

滑川課長からの嬉しいメッセージでした。どうやら彼も僕たちの仲間に加わってくれたようです。最後に、滑川課長からいただいた、須豪山課長、熱中主任、軽井鴨さんと一緒に映った写真をご紹介してペンを置きたいと思います。「すごい傾聴」が一人でも多くの人に実践いただけることを祈念しつつ。

2024年3月吉日

小倉　広

参考文献

『臨床心理学』（丹野義彦、石垣琢磨、毛利伊吹、佐々木淳、杉山明子・著、有斐閣、2018）

『公認心理師現任者講習会テキスト改訂版』（一般財団法人日本心理研修センター・監修、金剛出版、2020）

『臨床心理学中事典』（野島一彦・監修、森岡正芳、岡村達也、坂井 誠、黒木俊秀、津川律子、遠藤利彦、岩壁 茂・編集委員、遠見書房、2022）

『ロジャーズが語る自己実現の道 On becoming person ロジャーズ主要著作集3』（カール・ロジャーズ・著、末武康弘・保坂亨・諸富詳彦・共訳、岩崎学術出版、2022）

『カウンセリングと心理療法ｰ実践のための新しい概念 ロジャーズ主要著作集1』（カール・ロジャーズ・著、末武康弘・保坂亨・諸富詳彦・共訳、岩崎学術出版、2005）

『クライアント中心療法 ロジャーズ主要著作集2』（カール・ロジャーズ・著、末武康弘・保坂亨・諸富詳彦・共訳、岩崎学術出版、2005）

『臨床現場におけるパーソン・センタード・セラピーの実務』（中田行重・著、創元社、2023）

『フォーカシング指向心理療法―体験過程を促す聴き方（上）』（ユージン・T・ジェンドリン・著、村瀬孝雄、池見陽、日笠摩子・監訳、2002）

『フォーカシング指向心理療法―心理療法統合のために（下）』（ユージン・T・ジェンドリン・著、村瀬孝雄、池見陽、日笠摩子・監訳、2003）

『傾聴・心理臨床学アップデートとフォーカシング 感じる・話す・聴くの基本』（池見陽・著、ナカニシヤ出版、2016）

『ゲシュタルト療法テキスト〈新版〉』（日本ゲシュタルト療法学会、2018）
『アドラー心理学基礎講座応用編テキスト』（アドラーギルド）
『アドラー心理学へのいざない』（エヴァ・ドライカース・ファガーソン・著、大竹優子、河内博子・訳、2014）
『マイクロカウンセリング技法』（福原眞知子 監修、山本孝子、寺川亜弥子、松本（大西）靖子・執筆、風間書房、2018）
『スキーマ療法　パーソナリティの問に対する統合的認知行動療法アプローチ』（ジェフリー・E・ヤング、マジョリエ・E・ウェイシャー、ジャネット・S・クロスコ・著、伊藤絵美・監訳、金剛出版、2018）
『恐れのない組織「心理的安全性」が学習・イノベーション・成長をもたらす』（エイミー・C・エドモンドソン・著、野津智子・訳、英治出版、2021）

小倉 広（おぐら・ひろし）

企業研修講師、心理療法家（公認心理師）
大学卒業後新卒でリクルート入社。商品企画、情報誌編集などに携わり、組織人事コンサルティング室課長などを務める。その後、上場前後のベンチャー企業数社で取締役、代表取締役を務めたのち、株式会社小倉広事務所を設立、現在に至る。研修講師として、自らの失敗を赤裸々に語る体験談と、心理学の知見に裏打ちされた論理的内容で人気を博し、年300回、延べ受講者年間1万人を超える講演、研修に登壇。「行列ができる」講師として依頼が絶えない。
また22万部発行『アルフレッド・アドラー人生に革命が起きる100の言葉』（ダイヤモンド社）など著作48冊、累計発行部数100万部超のビジネス書著者であり、同時に心理療法家・スクールカウンセラーとしてビジネスパーソン・児童生徒・保護者などを対象に個人面接を行っている。東京公認心理師協会正会員、日本ゲシュタルト療法学会正会員。

すごい傾聴

2024年3月26日　第1刷発行
2024年9月20日　第7刷発行

著　者——小倉 広
発行所——ダイヤモンド社
〒150-8409　東京都渋谷区神宮前6-12-17
https://www.diamond.co.jp/
電話／03･5778･7233（編集）　03･5778･7240（販売）
装丁————奥定泰之
漫画・イラスト—中村知史
製作進行——ダイヤモンド・グラフィック社
印刷————勇進印刷
製本————ブックアート
編集担当——田中 泰

ISBN 978-4-478-11970-9